O TEMOR DO SENHOR

John Bevere

O Temor do Senhor

O SEGREDO PARA CONHECER DEUS NA INTIMIDADE

PREPARA O SEU CORAÇÃO PARA RECEBER RESPOSTAS
PROMETE PROTEÇÃO DIVINA, DÁ CLAREZA E DIREÇÃO
GERA RIQUEZAS, HONRA E VIDA

7ª impressão
Rio de Janeiro, 2015

O TEMOR DO SENHOR, por John Bevere
Publicado por Editora Luz às Nações

Originalmente publicado nos Estados Unidos, sob o título *The Fear of the Lord / John Bevere*, por Charisma House, A Strang Company, 600 Rinehart Road, Lake Mary, Florida, 32746.

Este livro ou partes do mesmo não pode ser reproduzido por qualquer meio, armazenado em sistema de recuperação, ou transmitido por qualquer forma ou meio – eletrônico, mecânico, fotocópia, gravação, ou outros – sem a autorização prévia por escrito da editora, exceto na forma disposta pela legislação de direitos autorais do Brasil.

Salvo em caso de indicação em contrário, todas as citações bíblicas foram extraídas da Bíblia Sagrada, versão Almeida Revista e Atualizada, 1988, Sociedade Bíblica do Brasil. As citações bíblicas marcadas com a indicação ARC Fiel foram extraídas da versão Almeida Revista e Corrigida, Fiel ao texto original. 2001, Editora Atos. As citações bíblicas marcadas NVI foram extraídas da Bíblia Sagrada, Nova Versão Internacional. 2001, Editora Vida. As citações bíblicas marcadas com a indicação KJV foram extraídas da versão King James da Bíblia Sagrada (Novo Testamento). As citações desta versão referentes ao Antigo Testamento foram traduzidas livremente, em função da inexistência desta versão no idioma português. As citações bíblicas marcadas com a indicação AMP foram extraídas da *Amplified Bible* e as marcadas com a indicação NLT foram extraídas da Bíblia Sagrada, *New Living Translation*, e foram traduzidas livremente em virtude da inexistência destas versões no idioma português.

Publicação em acordo com as orientações do NOVO ACORDO ORTOGRÁFICO DA LÍNGUA PORTUGUESA, em vigor desde janeiro de 2009, com a devida autorização e com todos os direitos reservados pela

Editora Luz às Nações Ltda.
Rua Rancharia, 62 – parte – Itanhangá
Rio de Janeiro, Brasil
CEP: 22753-070
Tel.: (21) 2490-2551

1ª ed. outubro/2009
2ª ed. dezembro/2010

Dados Internacionais de Catalogação na Publicação
CIP-Brasil. Catalogação na fonte

B467t

Bevere, John, 1959-
O temor do Senhor: descubra a chave para conhecer Deus na intimidade / John Bevere; [tradução Idiomas & Cia]. - 1.ed. - Rio de Janeiro : Luz às Nações, 2009.

Tradução de: The fear of the Lord
ISBN 978-85-99858-20-2

1. Deus - Adoração e amor. 2. Deus - Cognoscibiblidade. 3. Temor de Deus. I. Título.

CDD: 231.042
CDU: 2-144.84

Gostaria de dedicar este livro à minha esposa, Lisa. Sou um homem privilegiado por estar casado com uma mulher como ela. Seria necessário escrever outro livro para falar das suas virtudes e caráter como mulher de Deus, mas se sua vida pudesse ser resumida em uma única declaração, seria esta: *Ela é uma mulher que teme ao Senhor.*

Fala com sabedoria,
e a instrução da bondade está na sua língua.
Atende ao bom andamento da sua casa
E não come o pão da preguiça.
Levantam-se os seus filhos e lhe chamam ditosa;
Seu marido a louva, dizendo:
"Muitas mulheres procedem virtuosamente,
Mas tu, a todas sobrepujas".
Enganosa é a graça e vã a formosura,
Mas a mulher que teme ao Senhor, essa será louvada.
— PROVÉRBIOS 31:26-30

Sou grato a Ti, Pai, por Tua filha, Lisa Bevere.

AGRADECIMENTOS

O meu mais profundo reconhecimento...

À minha esposa, Lisa. Depois do Senhor, você é o meu maior amor e tesouro. Obrigado pelas horas de edição com as quais você contribuiu para este livro. Eu amo você, querida!

Aos nossos quatro filhos. Todos vocês trouxeram grande alegria à minha vida. Obrigado por compartilharem do chamado de Deus e por me incentivarem a viajar e a escrever.

A meus pais, John e Kay Bevere. Obrigado por me ensinarem primeiramente o temor do Senhor através do estilo de vida de Deus que me deixaram de exemplo.

Àqueles que dedicaram seu tempo e deram uma parte de suas vidas para me ensinar e mostrar os caminhos do reino. Vi diferentes facetas de Jesus em cada um de vocês.

À equipe da Messenger International. Obrigado por seu apoio e fidelidade inabaláveis. Lisa e eu amamos cada um de vocês de coração.

Toda a equipe da Charisma House que trabalhou conosco e que tanto apoiou o nosso ministério. É uma alegria trabalhar com vocês.

O mais importante, a minha sincera gratidão ao meu Senhor. Como poderia reconhecer em palavras de forma adequada tudo o que Tu fizeste por mim e pelo Teu povo? Eu Te amo mais do que jamais poderei expressar. Eu Te amo para sempre!

ÍNDICE

Introdução		13
1. *Vento do Céu*		19
2. *Glória Transformada*		31
3. *O Sermão do Universo*		43
4. *Ordem, Glória, Julgamento: Parte I*		57
5. *Ordem, Glória, Julgamento: Parte II*		73
6. *Um Novo Santuário*		83
7. *Uma Oferta Sem Reverência*		95
8. *Julgamento Adiado*		111
9. *A Glória que Está por Vir*		129
10. *A Restauração da Sua Glória*		147
11. *A Capacidade de Ver*		165
12. *De Glória em Glória*		185
13. *Amizade com Deus*		207
14. *As Bênçãos do Santo Temor*		225
15. *Epílogo*		233

*O Santo temor é a chave para o firme
fundamento de Deus, que desvenda
os tesouros da salvação,
da sabedoria e do conhecimento.*

INTRODUÇÃO

No verão de 1994, fui convidado para ministrar em uma igreja no sul dos Estados Unidos. Essa experiência acabou sendo uma das experiências de ministério mais desagradáveis que eu teria. A partir desse dia, nasceu em meu coração uma busca apaixonada por conhecer e entender o temor do Senhor.

Dois anos antes da minha visita, aquela igreja havia experimentado um poderoso mover de Deus. Um evangelista havia estado lá por um período de quatro semanas, e o Senhor reavivou aquela igreja com a Sua presença. Eles estavam tendo uma experiência que muitos chamam de "unção do riso". Era algo que proporcionava tanto refrigério que o pastor e muitas pessoas da comunidade fizeram o que geralmente acontece: eles ficaram acampados no local do refrigério em vez de seguirem em frente buscando a Deus. Acabaram desenvolvendo mais interesse pelas manifestações de refrigério do que em conhecerem o Senhor que refrigera.

Na segunda noite da nossa escala de reuniões naquela igreja, o Espírito de Deus dirigiu-me a pregar sobre o temor do Senhor. Naquele tempo, meu entendimento sobre o temor do Senhor ainda estava sendo formado, mas Deus levou-me a pregar sobre o que Ele já havia me mostrado nas Escrituras.

Na noite seguinte, cheguei para o culto totalmente despreparado para o que estava prestes a acontecer. Sem qualquer aviso prévio, o pastor levantou-se após o louvor e passou um tempo considerável "corrigindo" o que eu havia pregado na noite anterior. Sentei-me na fileira da frente, quase que em estado de choque. A base da correção do pastor foi a de que os crentes do Novo Testamento não têm de temer a Deus. Ele sustentou essa tese com as palavras de 1 João 4:18: "No amor não existe medo; antes, o perfeito amor lança fora o medo. Ora, o medo produz tormento; logo aquele que teme não é aperfeiçoado no amor". Ele havia confundido o *espírito de medo* com o *temor do Senhor*.

Na manhã seguinte, encontrei um local isolado do lado de fora do meu hotel, e passei um tempo considerável orando naquele lugar. Entrei na presença do Senhor com o coração aberto e me submeti a qualquer correção que ele quisesse me dar. Aprendi que a correção de Deus é sempre para o meu bem. Ele nos corrige, para que possamos ser participantes da Sua santidade (Hb 12:7-11). Quase que imediatamente, senti o amor avassalador de Deus. Não percebi qualquer decepção de Sua parte com o que eu havia pregado, mas apenas o Seu prazer. Lágrimas desceram pelo meu rosto em Sua maravilhosa presença.

Continuei em oração e, depois de algum tempo, passei a chorar do fundo do meu espírito pelo conhecimento do temor do Senhor. Ergui minha voz, extraindo todas as forças do meu interior, e clamei: "Pai, quero conhecer e andar no temor do Senhor!"

Quando terminei de orar, já não me importava mais com o que poderia enfrentar no futuro. Tudo o que eu queria era conhecer o Seu coração. Senti que meu pedido para aprender este aspecto da Sua santa natureza agradou a Deus imensamente. Desde aquele dia, Ele tem sido fiel em me revelar a importância do temor do Senhor. Ele revelou o Seu desejo de que todos os crentes também reconheçam essa importância.

Sempre soube que o temor do Senhor era importante, porém, não compreendia o quanto ele era fundamental até que Deus abriu meus olhos em resposta àquela oração. Eu sempre havia visto o *amor* de Deus como a base para o relacionamento com o Senhor, mas logo descobri que o temor do Senhor era tão fundamental quanto. Isaías disse:

> O Senhor é exaltado, pois habita no alto; Ele encherá Sião de retidão e justiça. Ele será o firme fundamento nos tempos a que

INTRODUÇÃO

você pertence, uma grande riqueza de salvação, sabedoria e conhecimento; o temor do Senhor é a chave desse tesouro.

- ISAÍAS 33:5-6, NVI

O santo temor é a chave para o firme fundamento de Deus, desvendando os tesouros da salvação, sabedoria e conhecimento. Juntamente com o amor do Senhor, ele compõe o próprio fundamento da vida! Em breve aprenderemos que não podemos verdadeiramente amar a Deus até que o temamos, nem podemos temê-lo adequadamente até que o amemos.

Enquanto escrevia este livro, a nossa família estava construindo uma nova casa. Visitei a obra muitas vezes, e Deus usou esses momentos para me ensinar lições sobre alguns princípios básicos de construção. A verdadeira construção começa com o fundamento e a estrutura da casa. São eles que sustentarão todos os componentes de acabamento tais como as telhas, o carpete, as janelas, os armários e a pintura. Quando a casa está terminada, não vemos mais nenhuma parte do fundamento e da estrutura, embora eles sustentem e protejam todos os belos acabamentos internos. Sem esta estrutura, teríamos pouco mais do que uma pilha de materiais.

O mesmo acontece com a construção deste livro. Delinearemos claramente a diferença entre o temor de Deus e o Seu julgamento, depois avançaremos para um conhecimento íntimo Dele. Traçaremos um esboço da proteção que esse temor nos oferece contra o julgamento e concluiremos com o seu papel na nossa intimidade com Deus. Cada capítulo contém verdades que são tanto informativas quanto transformadoras. Os primeiros capítulos fornecerão a estrutura para o restante do livro. Eles desenvolverão em nosso espírito a força para suportarmos o que Deus irá revelar.

Leia este livro como se ele fosse uma casa em construção. Não pule da estrutura para a colocação dos carpetes. Sem um telhado, o carpete precisará ser substituído antes que a construção esteja terminada. A construção é uma progressão.

Dedique tempo para ler e entender cada capítulo em espírito de oração antes de prosseguir para o seguinte. Peça ao Espírito Santo para revelar a Palavra de Deus a você através deste livro, "porque a letra mata, mas o Espírito vivifica" (2 Co 3:6).

O temor do Senhor não é captado pela mente, mas gravado em nosso coração. Ele é revelado pelo Espírito Santo como lemos na Sua Palavra. Ele é uma das manifestações do Espírito de Deus (Is 11:1-2). Deus o derramará sobre o coração daqueles que o buscam sinceramente (Jr 29:11-14; 32:40).

Vamos orar antes de começar:

Pai, em nome de Jesus, abri este livro porque desejo conhecer e entender o santo temor do Senhor. Entendo que isso é impossível sem a ajuda do Espírito Santo. Peço que venhas me ungir com o Teu Espírito. Abre os meus olhos para ver, os meus ouvidos para ouvir, e o meu coração para que eu possa conhecer e entender o que Tu estás me dizendo.

À medida que eu ler, permita que eu ouça a Tua voz dentro das palavras deste livro. Transforma-me, elevando-me de um nível de glória para outro. Depois, eleva-me novamente com o objetivo de finalmente ver-Te face a face.

Por tudo isto, eu Te dou todo o louvor e toda a glória e honra, agora e para sempre. Amém.

― JOHN BEVERE

*Você acha que o Rei dos reis
e Senhor dos senhores virá
se manifestar em um lugar
onde não lhe é dada a
devida honra e reverência?*

UM

VENTO DO CÉU

Mostrarei a minha santidade naqueles que se cheguem a mim, e serei glorificado diante de todo o povo.

— LEVÍTICO 10:3

Haviam se passado somente dez dias do novo ano de 1997. Naqueles poucos dias eu já havia ido à Europa e Ásia para ministrar. Estava entusiasmado quando subi novamente em um avião, desta vez rumo à América do Sul. Eu nunca havia falado à nação do Brasil e estava me sentindo honrado por ter sido convidado para falar na conferência nacional que ocorreria em três das maiores cidades daquele país. Depois de voar a noite inteira, fui recebido no aeroporto por alguns líderes famintos e cheios de expectativa. Eles estavam aguardando ansiosamente aquelas reuniões e o entusiasmo deles me revitalizou.

O primeiro culto aconteceu naquela mesma noite, na capital do país, Brasília. Depois de poucas horas de descanso, meu intérprete e eu fomos levados do nosso hotel até o local da reunião. O estacionamento e as ruas estavam lotados de carros, e eu pude ver que a reunião contaria com um grande número de pessoas. Quando nos aproximamos do prédio, pude ouvir a música que escapava por uma abertura de 1 metro e meio destinada à ventilação, que ficava entre o topo da parede e o telhado. Meu entusiasmo e expectativa aumentavam enquanto eu ouvia a música de refrãos conhecidos sendo cantada em português – o idioma principal do Brasil.

Do lado de dentro, fui conduzido diretamente à plataforma. O auditório, que comportava aproximadamente quatro mil pessoas, estava cheio. A plataforma sacudia ao som de louvores poderosos. A qualidade do som era muito boa, pois os músicos eram experientes e fluíam bem em conjunto. A música cantada também era excelente, e os líderes de louvor eram dotados de vozes muito boas. Contudo, rapidamente percebi a total ausência da presença do Senhor. À medida que passava os olhos pela multidão e pelos músicos, pensei: *Onde está Deus?* Então imediatamente perguntei: *Senhor, onde está a Tua presença?*

Enquanto aguardava a Sua resposta, observei o que estava acontecendo naquele lugar. Através das luzes brilhantes da plataforma, pude ver as pessoas se movimentando pelo local. Muitas tinham os olhos abertos, olhando para alguma coisa ou para alguém. Muitas pareciam estar entediadas. Estavam com as mãos no bolso ou tinham os braços pendurados pesadamente ao longo do corpo. Tudo na postura corporal e na fisionomia delas dava a impressão de uma multidão casual aguardando pacientemente o início de um show. Alguns conversavam, outros percorriam os corredores laterais, perambulando dentro e fora do auditório.

Entristeci-me. Aquela não era uma campanha evangelística, mas uma conferência para crentes. Eu sabia que poderia haver alguns na audiência que não eram crentes, mas também sabia que a maioria dos que estavam presentes naquela multidão indiferente eram "cristãos".

Esperei, na esperança de que as pessoas entrassem no verdadeiro espírito de reverência diante do Senhor. Pensei: "*Com certeza esta atmosfera vai mudar*". Mas não mudou. Depois de vinte ou trinta minutos, o tempo da música ficou mais lento, passando ao que chamamos de "música de adoração". Mas o que pude testemunhar estava longe da verdadeira adoração. Este mesmo comportamento casual que eu havia observado quando entrei no auditório havia se mantido também dentro do culto.

Quando o louvor terminou, parecia que mais de uma hora havia se passado, mas na verdade foram menos de quarenta minutos. Foi dito aos presentes que se sentassem. Eles se sentaram, mas o ruído de conversas casuais ao fundo continuou. Um líder pegou o microfone para exortar o povo, mas as pessoas continuavam falando. O líder leu uma passagem da Bíblia e ministrou sobre ela. Durante todo o tempo, eu podia ouvir o ruído monótono de muitas vozes falando e de muitas pessoas se movimentando na congregação. Também percebi que muitas pessoas não prestavam atenção a quem falava. Eu mal podia acreditar no que estava vendo. Frustrado, perguntei a meu intérprete brasileiro se este comportamento era normal nos cultos deles.

Ele também sentia a mesma aversão que eu. "Às vezes tenho de lidar com o assunto e pedir às pessoas que, por favor, prestem atenção", sussurrou ele. Àquela altura, eu estava ficando zangado. Já estivera em outras reuniões onde as pessoas se comportavam assim, mas nunca a tal ponto. Em cada uma daquelas reuniões havia encontrado uma atmosfera espiritual semelhante – peso, ausência da presença de Deus. Eu sabia agora que a minha pergunta – *Senhor, onde está a Tua presença?* – havia sido respondida. A Sua presença certamente não estava ali.

Então, o Espírito de Deus falou comigo e disse: "Quero que você confronte isto diretamente".

Quando finalmente fui apresentado, o murmúrio havia diminuído, mas ainda estava presente. Subi ao púlpito, e permaneci ali olhando para a multidão. Eu estava decidido a não dizer nada até que tivesse a atenção deles. Senti uma indignação da parte de Deus ardendo dentro do meu peito. Depois de um minuto, todos ficaram em silêncio, percebendo que nada estava acontecendo na plataforma.

Não me apresentei nem cumprimentei a multidão. Em vez disso, comecei com esta pergunta: "Vocês gostariam se, enquanto falassem com alguém, essa pessoa ignorasse vocês durante todo o tempo ou continuasse a conversar com a pessoa ao lado dela? Ou se os olhos dela percorressem todos os lugares demonstrando desinteresse e desrespeito?"

Fiz uma pausa, e depois respondi à minha própria pergunta? "Vocês não gostariam, não é?"

Fui mais fundo ainda: "E se todas as vezes que vocês tocassem a campainha para visitar a casa de um vizinho, fossem recepcionados com uma atitude descuidada e com um suspiro monótono: 'Ah, é você de novo; entre aí'?"

Fiz uma pausa, e depois acrescentei: "Vocês não os visitariam mais, não é mesmo?"

Então eu disse com firmeza: "Vocês acham que o Rei dos reis e Senhor dos senhores vai se manifestar em um lugar onde Ele não recebe a devida honra e reverência? Vocês acham que o Mestre de toda a criação vai falar quando a Sua Palavra não é respeitada o bastante para ser ouvida com atenção? Vocês estão enganados se pensam assim!"

Continuei: "Esta noite, quando entrei neste prédio, não senti a presença de Deus em momento algum. Nem no louvor, nem na adoração, nem na exortação e nem durante a oferta. Há um motivo: O Senhor nunca Se manifesta onde Ele não é reverenciado. O Presidente da sua nação receberia grandes honras nesta plataforma esta noite simplesmente por respeito ao seu cargo. Se eu ficasse aqui com um dos seus jogadores de futebol favoritos, muitos de vocês estariam sentados na pontinha da cadeira. Vocês estariam ouvindo com expectativa cada palavra que ele dissesse. No entanto, quando a Palavra de Deus foi lida há alguns instantes, vocês mal ouviram, porque lhe deram pouca atenção".

Comecei a ler o que Deus requer daqueles que se aproximam Dele:

> Mostrarei a minha santidade naqueles que se cheguem a mim, e serei glorificado diante de todo o povo.
>
> - LEVÍTICO 10:3

Durante a hora e meia que se seguiu, preguei a mensagem que Deus havia feito arder em meu coração. As palavras saíam com ousadia e autoridade, e eu não temi o que as pessoas pensariam ou como elas reagiriam.

Se eles me expulsarem desta nação amanhã, não me importo. Prefiro obedecer a Deus! disse a mim mesmo – e eu estava falando sério.

Você podia ouvir um alfinete cair nos momentos silenciosos entre cada uma das minhas afirmações. Durante aquela hora e meia não houve mais ruídos na multidão. Não houve mais desrespeito. O Espírito de Deus havia prendido a atenção das pessoas com a Sua Palavra. A atmosfera mudava a cada minuto. Eu podia sentir a Palavra de Deus batendo na casca endurecida dos corações.

No fechamento da minha mensagem, pedi a cada pessoa presente que fechasse seus olhos. O chamado ao arrependimento foi incisivo e breve: "Se você tem tratado o que Deus chama de santo como coisa comum, se você tem vivido com uma atitude irreverente para com as coisas de Deus, e se esta noite você foi convencido pelo Espírito Santo através da Sua Palavra, você está pronto a se arrepender diante de Deus? Se está, coloque-se de pé". Sem hesitação, 75 por cento dos presentes se levantaram.

Inclinei a cabeça, fazendo esta oração simples e sincera: "Senhor, confirma a Tua Palavra pregada esta noite a estas pessoas".

Imediatamente a presença do Senhor encheu aquele auditório. Embora eu não tivesse dirigido a congregação em oração, ouvi soluços e gritos que se levantavam da multidão. Foi como se uma onda da presença de Deus tivesse varrido o prédio, trazendo purificação e refrigério. Não havia espaço para que todos os presentes se aproximassem do altar, então, fiz uma oração de arrependimento que podia ser feita de onde eles estavam. Observei as pessoas enxugando suas lágrimas. A Sua maravilhosa presença continuava entre nós.

Depois de alguns minutos, a presença de Deus diminuiu sua intensidade. Encorajei as pessoas a não tirarem o foco de seu Mestre. "Chegai-vos a Deus, e ele se chegará a vós outros" (Tg 4:8).

Alguns instantes se passaram, e outra onda da Sua presença inundou o local. Houve mais lágrimas à medida que os gritos aumentavam. A presença de Deus era ainda mais abrangente desta vez, e mais pessoas foram tocadas pelo Mestre. Isso durou alguns minutos, e depois diminuiu novamente. Exortei o povo a não se desconcentrar entre essas ondas, mas a se agarrar ao foco de seu coração.

Alguns minutos depois, ouvi o Espírito de Deus sussurrar em meu coração: "Estou vindo novamente". Imediatamente senti isso e disse: "Ele está vindo novamente!"

O que escrevo agora de modo algum pode representar com precisão o que aconteceu em seguida. As minhas palavras são limitadas demais e Deus é tremendo demais. Nem posso exagerar, pois isso também seria uma irreverência. Pedi a três líderes que estavam presentes que me esclarecessem e confirmassem o que vou relatar.

Mal a palavra *novamente* saiu dos meus lábios quando aconteceu algo – e a única maneira que encontro para descrever é comparando com a decolagem de um jato a apenas cem metros de distância de alguém. Isso descreve o tremendo ruído do vento que soprou imediatamente por todo o auditório. Quase que imediatamente, o povo irrompeu em oração fervorosa e intensa, suas vozes se elevando e se combinando quase que em um único clamor.

Quando ouvi pela primeira vez o vento impetuoso, imaginei que um avião a jato tivesse acabado de passar sobre o prédio. Eu não queria de modo algum atribuir alguma coisa a Deus se houvesse uma chance de que não fosse Ele. Minha mente rapidamente calculou a distância que estávamos do aeroporto. Ele não estava nem um pouco próximo, e duas horas haviam se passado sem qualquer ruído de aviões nas proximidades.

Voltei-me para dentro de mim em busca do Espírito, percebendo que eu podia sentir a presença de Deus de uma forma tremenda e que as pessoas haviam explodido em oração. Aquela certamente não era a reação à passagem de um avião sobre nossas cabeças.

Se tivesse sido um avião, ele teria de estar voando à altitude de menos de 100 metros sobre o prédio para soar daquela maneira. E mesmo a essa altura, não seríamos capazes de ouvir um barulho tão poderoso acima do clamor de 3.000 pessoas orando em alta voz.

O som que ouvi era muito mais alto, e superou claramente todas as vozes. Tendo decidido em minha mente que o vento era o vento do Espírito Santo, ainda assim eu não disse nada. Eu não queria passar uma informação imprecisa ou estimular as pessoas com declarações de manifestação espiritual exageradas. O som desse vento durou aproximadamente dois minutos. Quando ele diminuiu, deixou em seu rastro um povo que orava e chorava. A atmosfera estava carregada de uma reverência santa. A presença do Senhor era muito real e poderosa.

As tremendas consequências da presença de Deus continuaram durante quinze a vinte minutos. Então, entreguei a plataforma ao líder e pedi para ser levado imediatamente para fora do prédio. Em geral, costumo permanecer no local e conversar com as pessoas depois de um culto, mas naquele instante qualquer conversa casual parecia imprópria. Os líderes convidaram-me para unir-me a eles para o jantar, mas recusei. Ainda abalado pela presença de Deus, respondi: "Não, quero apenar voltar ao meu quarto de hotel".

Fui acompanhado até o carro. Dirigi-me de volta ao hotel acompanhado de meu intérprete e de uma senhora e seu marido que eram líderes na região. Aquela mulher era uma cantora cuja música era popular no país.

Ela entrou no carro chorando: "Você ouviu o vento?"

Respondi rapidamente: "Aquilo foi um avião" (Embora eu sentisse em meu coração que não era, queria ter uma confirmação e estava decidido a não ser o primeiro a dizer nada).

"Não", declarou ela sacudindo a cabeça. "Era o Espírito do Senhor". Então seu marido, um homem que achei muito quieto e reservado, afirmou com firmeza. "Não havia nenhum avião por perto do prédio".

"Realmente!" exclamei.

Ele prosseguiu: "Além do mais, o som daquele vento não passou pela mesa de som, não houve qualquer leitura na mesa, nem registro de ruído algum". Fiquei em silêncio, completamente extasiado.

Mais tarde, soube por que aquele homem estava tão certo de que o vento que ouvimos não havia sido causado por uma aeronave. Havia seguranças contratados e policiais do lado de fora que também relataram ter ouvido um som poderoso vindo *de dentro* do prédio. Do lado *de fora*, não houve vento algum. Era apenas mais uma calma noite brasileira.

A esposa dele continuou, enquanto as lágrimas desciam por seu rosto: "Vi ondas de fogo descendo sobre o prédio e anjos por toda a parte!"

Eu mal podia crer no que ouvia. Eu havia ouvido a mesma descrição feita por um ministro dois meses antes, em reuniões na Carolina do Norte. Eu havia pregado sobre o temor do Senhor, e a presença de Deus havia caído poderosamente sobre os que estavam reunidos – mais de cem crianças pequenas choraram abundantemente durante uma hora. Uma ministra visitante disse ao pastor que ela havia visto ondas de bolas de fogo caindo sobre o prédio. Isso também foi confirmado por três membros do coral.

Agora, eu só queria estar a sós com o Senhor. Quando me vi na privacidade do meu quarto de hotel, tudo que pude fazer foi adorar e orar.

Estava programado para ministrar em mais um culto antes de partir para o Rio de Janeiro. Desta vez, quando entrei no auditório, a atmosfera era totalmente diferente. Eu podia sentir o respeito pelo Senhor restaurado. Desta vez a música não era simplesmente boa, mas destituída da presença de Deus. Ela era maravilhosa, ungida, e a presença do Senhor era doce.

Davi disse: "Me prostrarei diante do teu santo templo, no teu temor" (Sl 5:7). Toda verdadeira adoração está presa em uma reverência pela presença de Deus, pois Deus diz: "Reverenciareis o meu santuário. Eu sou o Senhor" (Lv 19:30).

Neste segundo culto, muitas pessoas receberam libertação e cura. Muitos que estavam presos pela amargura e que haviam abrigado ofensas foram libertos. Quando o Senhor é reverenciado, a Sua presença se manifesta – e onde a Sua presença se manifesta, as necessidades são atendidas.

Agora podemos entender a urgência de Davi:

> "Temei o Senhor, vós, os seus santos, pois nada falta aos que o temem".
>
> - SALMO 34:9

Esta é a mensagem que você tem nas mãos hoje – o temor do Senhor. Com a ajuda do Espírito Santo, buscaremos nestas páginas não apenas o significado do temor do Senhor, mas também o que é andar nos tesouros da sua verdade. Aprenderemos sobre o julgamento que vem quando há falta de santo temor, assim como sobre os gloriosos benefícios que encontramos quando tememos a Deus.

*Há pessoas que são rápidas em reconhecer Jesus
como Salvador, Curador e Libertador...
mas reduzem a Sua glória ao nível de
homens corruptíveis através de suas ações
e pelas atitudes do seu coração.*

DOIS

GLÓRIA TRANSFORMADA

> *Pois quem nos céus é comparável ao Senhor? Entre os seres celestiais, quem é semelhante ao Senhor? Deus é sobremodo tremendo na assembléia dos santos e temível sobre todos os que o rodeiam.*
>
> - SALMO 89:6-7

Antes de falarmos sobre o temor do Senhor, precisamos capturar um relance da grandeza e da glória do Deus a quem servimos. O salmista declara primeiramente as tremendas maravilhas de Deus, depois nos exorta a temê-lo. Se suas palavras fossem relatadas em nosso vocabulário moderno, se resumiriam a uma pergunta ousada e afirmativa: "Quem em todo o universo pode se comparar ao Senhor?" Ele quer que meditemos sobre a glória indecifrável de Deus. Pois como podemos respeitá-lo e honrá-lo da forma devida se permanecermos inconscientes da Sua grandeza, ou da razão pela qual Ele merece tal respeito e honra?

Famoso, Mas Desconhecido

Para explicar esse princípio, imaginemos alguém que é famoso na nação mais poderosa da terra. Essa pessoa é um homem talentoso e sábio. Todos no seu país conhecem a sua grandeza e a sua fama. Ele é um inventor que fez as mais notáveis e significativas contribuições e descobertas científicas conhecidas pelo homem. Ele é o atleta mais extraordinário desse país. Na verdade, ninguém pode competir com ele em nenhuma área. Além de tudo, ele é o rei, e é um governante muito sábio. Ele é tremendamente respeitado e honrado em todos os níveis e em todos os lugares do país. Grandes desfiles e recepções gloriosas são feitos em sua honra.

Ora, o que aconteceria se este rei fosse viajar para outro país onde sua posição e sua grandeza fossem desconhecidas? Que tipo de recepção ele teria em um país estrangeiro, inferior em todos os aspectos à sua grande nação?

Embora os maiores homens desse lugar estejam muito abaixo deste governante em importância, ainda assim este nobre rei decide visitá-los, como um homem comum – sem os seus trajes reais, sem o seu cortejo de nobreza, sem o seu aparato de segurança, sem seus conselheiros e servos. Ele vai só. Como ele será tratado?

Simplificando, ele não será tratado de modo diferente do que qualquer outro estrangeiro. Embora esse homem seja imensamente maior que os mais poderosos da nação, receberá pouco ou nenhum respeito. Algumas vezes ele poderá até ser tratado com desprezo, simplesmente por ser um estrangeiro. Suas invenções e descobertas científicas beneficiaram grandemente a nação que visita, mas as pessoas não o conhecem e, portanto, não lhe dão o respeito e a honra que ele merece.

Agora, veja o relato de João com relação a Jesus, Emmanuel, Deus manifesto em carne:

> O Verbo estava no mundo, o mundo foi feito por intermédio dele, mas o mundo não o conheceu.
>
> - JOÃO 1:10-11

É muito triste o fato de que Aquele que criou o universo e o mundo em que vivemos não tenha tido a recepção e a honra que merecia. E o que é mais trágico ainda, é que Ele veio para os Seus, aqueles que esperavam por ele e conheciam a Sua aliança, aqueles a quem Ele havia libertado sucessivamente pelo Seu poder; mas Ele não foi honrado. Embora as pessoas falassem sobre a Sua vinda, frequentassem o templo regularmente na expectativa da Sua vinda, e orassem pelos benefícios que acompanhariam o Seu governo, elas não o reconheceram quando Ele veio.

Os Seus não reconheceram o Deus magnífico a quem professavam servir com fidelidade. Os israelitas não ignoravam apenas a grandeza do poder de Deus, como também ignoravam a grandeza da Sua sabedoria. Assim, não é de admirar que eles não tenham podido dar a Ele o temor ou a reverência que Ele merecia. Deus retratou esse acontecimento:

> Visto que este povo se aproxima de mim e com a sua boca e com os seus lábios me honra, mas o seu coração está longe de mim, e o seu temor para comigo consiste só em mandamentos de homens...
>
> - ISAÍAS 29:13

Ele disse: "O seu temor para comigo consiste só em mandamentos de homens". Ele está dizendo que as pessoas haviam reduzido a glória do Senhor à glória do homem corruptível. Eles serviam a Deus na imagem que eles haviam criado – não segundo a Sua verdadeira imagem, mas de acordo com os seus próprios padrões.

Mudando a Glória do Deus Incorruptível

Este não foi um fato isolado e característico da geração de Jesus, embora tenha atingido o seu grau máximo durante os dias em que Jesus esteve na terra. Este mesmo erro se repetiu ao longo das gerações das pessoas a quem haviam sido confiados os oráculos de Deus e que supostamente deveriam estar comprometidas com eles.

Podemos ver essa irreverência até mesmo na transgressão de Adão. Ele deu ouvidos à sabedoria da serpente: "Porque Deus sabe que no dia em que dele comerdes se vos abrirão os olhos, e como Deus, sereis conhecedores do bem e do mal" (Gn 3:5).

"Ó Deus, quem é semelhante a Ti?" pergunta o salmista (Sl 71:19), mostrando que foi algo fútil da parte de Adão pensar que ele algum dia poderia ser *como Deus* estando separado de Deus. Na vaidade da sua mente, Adão reduziu Deus ao nível do homem comum.

Se você analisar o erro dos filhos de Israel no deserto, encontrará a mesma raiz como causa da rebelião deles. O temor de Deus era moldado pela imagem errada que eles tinham da Sua glória.

Moisés subiu ao Monte Sinai para receber a Palavra de Deus. Alguns dias se passaram, e o povo se reuniu (Ex 32:1). Os problemas sempre começam quando o povo se reúne em sua própria sabedoria, separado do poder e da presença de Deus. Em vez de esperar como Deus nos ordena, as pessoas se reúnem e tentam fazer algo para se satisfazerem. O que só Deus pode dar é substituído por uma imitação temporária.

Eles haviam visto o poder de Deus manifesto sucessivamente, mas fizeram um bezerro de ouro. Hoje isso pode parecer ridículo, mas não foi tão ridículo para os israelitas. Durante mais de quatrocentos anos os israelitas haviam visto esses objetos no Egito. Era uma parte familiar da cultura egípcia, portanto era algo comum para eles.

Depois de feito o bezerro, ele foi levado diante do povo, que, a uma só voz, disse: "São estes, ó Israel, os teus deuses, que te tiraram da terra do Egito!" (Ex 32:4) Então, seu líder fez uma proclamação: "Amanhã será festa ao Senhor" (v. 5). Para entender o que eles estavam dizendo, precisamos ver a palavra hebraica para "Senhor" no versículo 5. É a palavra *Yehovah,* também conhecida como Jeová ou *Yahweh.* Esta palavra é definida como "Aquele que Existe", o nome próprio do único e verdadeiro Deus.

Eles usaram o nome do único e verdadeiro Deus. Esse era o nome daquele a quem Moisés pregava, o nome daquele com quem Abraão tinha uma aliança, o nome daquele a quem servimos. Jeová não é usado para descrever nenhum falso deus na Bíblia. Este nome de Jeová ou *Yahweh* era tão sagrado que mais tarde os escribas hebreus não tinham permissão para escrever a palavra por inteiro; eles omitiam propositalmente as vogais em reverência à santidade do nome.

Então, na essência, o povo, e os líderes também, haviam apontado para aquele bezerro de ouro e o chamaram de Jeová, o único Deus verdadeiro, que os havia libertado do Egito! Eles não disseram: "Este é Baal, aquele que libertou vocês do Egito", nem usaram o nome de nenhum outro falso deus. Eles deram àquele bezerro o nome do Senhor, reduzindo assim a grandeza do Senhor aos termos comuns e às imagens finitas com as quais estavam tão familiarizados.

É interessante notar que os israelitas ainda reconheciam que havia sido Jeová o responsável por libertá-los de seu cativeiro. Eles não negaram que Ele havia feito isso; eles apenas reduziram a grandeza de Deus a um nível com o qual estavam mais acostumados a lidar. No Antigo Testamento, sair do Egito tipifica (representa) sair do mundo e ser salvo, conforme ensinado no Novo Testamento. Os acontecimentos naturais do Antigo Testamento são tipos e sombras do que estava por vir no Novo Testamento.

Servindo a Deus nas Imagens Que Fizemos

Agora, veja o que Paulo escreveu para nós no Novo Testamento:

> Porque os atributos invisíveis de Deus, e assim o seu eterno poder, como também a sua própria divindade, claramente se reconhecem, desde o princípio do mundo, sendo percebidos por meio das coisas que foram criadas. Tais homens são, por isso, indesculpáveis; porquanto, tendo conhecimento de Deus, não o glorificaram como Deus, nem lhe deram graças.
>
> – ROMANOS 1:20-21

Observe que eles não o glorificaram como Deus. Os filhos de Israel reconheciam a libertação de Jeová, mas não lhe deram a honra, a reverência ou a glória que Ele merecia. Bem, as coisas não mudaram muito, pois veja o que Paulo prossegue dizendo sobre o povo que viva no tempo do Novo Testamento, e que tampouco dava a Deus a reverência merecida:

> ... e mudaram a glória do Deus incorruptível em semelhança da imagem de homem corruptível.
>
> – ROMANOS 1:23

Novamente vemos a imagem gloriosa do único e verdadeiro Deus sendo reduzida. Desta vez, não é a um bezerro de ouro, mas à imagem do homem corruptível. Israel estava cercado por uma sociedade que adorava imagens de ouro à semelhança de animais e insetos. A igreja dos tempos modernos está cercada por uma cultura que adora o homem.

Durante os últimos anos, esta declaração tem passado por minha mente, de forma consistente:

Temos servido a Deus na imagem que fizemos.

Em minhas viagens a centenas de igrejas, tenho encontrado uma mentalidade que reduz a imagem e a glória de Deus à imagem de meros homens corruptíveis. Esta mentalidade impera na igreja.

Há pessoas que rapidamente reconhecem Jesus como Salvador, Curador e Libertador. Com os seus lábios, elas reconhecem o Seu senhorio, mas reduzem a Sua glória ao nível do homem corruptível com seus atos e com as atitudes do seu coração.

Elas dizem: "Deus é meu amigo; Ele entende o meu coração". É verdade que Deus entende o nosso coração ainda mais completamente do que nós entendemos a nós mesmos. Mas em geral, elas fazem este comentário para justificar atitudes que contradizem a Sua aliança. O fato é que essas pessoas estão desobedecendo à Palavra de Deus. Nas Escrituras, o único povo a quem vejo Deus chamar de amigo são aqueles que tremem diante da Sua Palavra e da Sua presença e que são rápidos em obedecer, não importando o custo.

Portanto, Ele não recebe a honra e a reverência que merece, do contrário, elas lhe obedeceriam instantaneamente. Com os lábios elas honram a Deus, mas o seu temor para com Ele é ensinado por mandamentos de homens. Elas filtraram a Palavra e as ordens de Deus através do seu pensamento influenciado por sua cultura. A imagem que elas têm da Sua glória é formada pela sua percepção limitada e não pela Sua verdadeira imagem na forma revelada através da Sua Palavra viva.

Esse pensamento faz com que homens e mulheres sejam rápidos em criticar a autoridade, como a nossa sociedade sabe fazer tão bem. Temos programas de televisão - desde seriados cômicos a programas de entrevistas - que protestam constantemente contra as autoridades. A mídia zomba da liderança e exalta os imorais e os rebeldes. Mas e se a liderança for realmente corrupta? O que Deus diz com relação a isso? Ele diz: "Não falarás mal de uma autoridade do teu povo" (At 23:5). Mas nós presumimos que Deus aprova que critiquemos os líderes corruptos porque reduzimos a reação de Deus ao nível da nossa sociedade, rebaixando-o à imagem do homem corruptível, até mesmo em nossas igrejas.

Ouvi líderes de igrejas justificarem o divórcio com palavras do tipo: "Deus quer que eu seja feliz". Eles realmente acreditam que a felicidade deles tem prioridade sobre a obediência que devem à Palavra de Deus e à aliança que fizeram com Ele.

Um líder de igreja me disse: "John, decidi me divorciar de minha esposa porque não temos vivido bem nos últimos dezoito anos. Não assistimos a filmes juntos nem nos divertimos juntos. Você sabe que amo Jesus, e se eu não estiver fazendo a coisa certa, Ele me mostrará". Por que Deus nos concederia uma audiência particular com Ele quando ignoramos o que Ele já declarou?

De algum modo, essas pessoas distorceram as palavras de Jesus para justificarem uma exceção a elas. É como se Ele tivesse dito: "Quando Eu disse na minha Palavra que odiava o divórcio, isso não se aplicava a você. Quero que você seja feliz e tenha uma parceira que se divirta com você. Vá em frente e divorcie-se. Se estiver errado, você pode se arrepender depois".

É assim que a nossa sociedade pensa. As nossas palavras não pronunciadas declaram: "Para os outros é preto no branco, mas para mim é cinza. Algo é errado para os outros quando não me afeta, mas estou isento de obedecer se isso torna a minha vida desconfortável!"

Quando isto acontece no nível pessoal, também acontecerá no nível geral. Então, não é de se surpreender que na igreja a glória de Deus seja reduzida ao nível do homem corruptível – desde a vida pessoal da liderança da igreja até as mensagens pregadas no púlpito.

Que tipo de mensagem esta redução da glória de Deus passa para a congregação? Ela diz: "Deus não fala sério quando diz alguma coisa, nem faz o que diz que vai fazer". Então nos perguntamos por que o pecado corre desenfreado entre nós e o temor do Senhor foi perdido. Não é de admirar que os pecadores se sentem passivamente em nossos bancos sem serem convencidos do pecado pela nossa pregação. Não é de admirar que a mornidão prevaleça em nossas "igrejas de base bíblica!" Não é de admirar que as viúvas, os órfãos, os presos e os enfermos sejam negligenciados pelos crentes.

Na maioria das vezes, as mensagens que pregamos durante os últimos vinte anos através dos púlpitos e das frequências de rádio deram a Deus a aparência do "Paizinho do céu" cujo desejo é nos dar o que quer que queiramos, na hora que quisermos. Isso estimula uma obediência de vida curta por motivos egoístas. Os pais que criam seus filhos assim terminam com filhos mimados. Filhos mimados são destituídos do verdadeiro respeito pela autoridade, principalmente quando *não conseguem o que querem quando querem*. Sua falta de reverência pela autoridade os coloca em posição de ficarem facilmente ofendidos com Deus.

Como podemos ver a reverência ser restaurada quando estamos tão destituídos da glória de Deus? Como pode a obediência prevalecer quando a desobediência e a rebelião são consideradas normais? Deus restaurará o Seu santo temor ao Seu povo e o fará voltar para Ele, para que eles possam dar-lhe a verdadeira glória e honra que Ele é tão digno de receber. Ele prometeu: "Porém, tão certo como eu vivo, como toda a terra se encherá da glória do Senhor" (Nm 14:21).

*Quanto maior a nossa compreensão
da grandeza de Deus... maior a nossa
capacidade de temê-lo ou
reverenciá-lo.*

TRÊS

O SERMÃO DO UNIVERSO

A minha alma tem sede de ti; meu corpo te almeja...
para ver a tua força e a tua glória.

– SALMO 63:1-2

Para dar a Deus a reverência devida, precisamos buscar o conhecimento da grandeza da Sua glória. Este era o grito do coração de Moisés quando ele corajosamente suplicou: "Mostra-me a tua glória" (Ex 33:18).

Quanto maior for a nossa compreensão da grandeza de Deus (embora ela em si mesma seja incompreensível), maior será a nossa capacidade de temê-lo ou reverenciá-lo. Por este motivo, o salmista nos encoraja: "Deus é o rei de toda a terra; salmodiai com harmonioso cântico" (Sl 47:7). Somos convidados a contemplar a Sua grandeza.

Do mesmo modo, porém, o salmista também nos diz: "Grande é o Senhor, e mui digno de ser louvado; a Sua grandeza é insondável" (Sl 145:3). Isto me faz lembrar a história da morte de Santo Agostinho.

Agostinho foi um dos maiores líderes desta era. Seus escritos apresentavam as tremendas maravilhas do nosso Deus, sendo citados por mais de mil anos. Uma de suas maiores obras chama-se *A Cidade de Deus*.

Em seu leito de morte, cercado por seus amigos mais próximos enquanto partia lentamente para estar com o Senhor, a respiração de Agostinho cessou, seu coração parou, e uma maravilhosa sensação de paz encheu o quarto. De repente, seus olhos se abriram novamente, e com o rosto brilhando ele declarou aos que estavam presentes: "Vi o Senhor. Tudo que escrevi não passa de palha". Então ele partiu para o seu eterno lar.

Santo, Santo, Santo...

Isaías teve uma visão da inescrutável glória de Deus. Ele viu o Senhor na sala do Seu trono, alto e sublime, e a Sua glória enchia o aposento. Ao redor Dele havia enormes anjos chamados serafins, que, por causa da grande glória de Deus, cobriam as faces com as asas e clamavam:

> Santo, santo, santo, é o Senhor dos Exércitos; toda a terra está cheia da sua glória!
>
> - ISAÍAS 6:3

Cantamos essas mesmas palavras em nossas igrejas em forma de hinos. Mas em geral, nossos louvores soam vazios, sem a paixão que é encontrada nesses anjos. Você pode ver pessoas bocejando ou olhando em volta enquanto cantam essas palavras. Ah, como a atmosfera na sala do trono de Deus é diferente!

Esses anjos poderosos e tremendos não estão entediados ou inquietos; eles não estão simplesmente cantando canções bonitas. Eles não estão dizendo: "Deus, tenho cantado este cântico diante do Teu trono por milhões de anos; o Senhor não acha que alguém poderia me substituir? Eu gostaria de sair e explorar outras partes do céu". De jeito nenhum! Eles não desejam estar em nenhum outro lugar senão clamando e cantando louvores diante do trono de Deus.

Esses anjos espetaculares não estão simplesmente cantando uma canção. Eles estão reagindo ao que veem. A cada instante, através de olhos cobertos, eles têm um relance de uma faceta diferente e de uma dimensão maior da glória de Deus sendo revelada! Impressionados, eles clamam: "Santo! Santo! Santo!" Na verdade, o clamor dos anjos unido é tão alto que as bases do limiar são abaladas por suas vozes e toda a sala fica cheia de fumaça. Uau! Uma coisa é as ondas sonoras sacudirem um prédio natural aqui na terra, mas outra completamente diferente é abalar as bases da arquitetura do céu! Esses anjos têm estado ao redor do trono de Deus por eras incontáveis, por um tempo incomensurável. No entanto, eles têm a experiência da revelação perpétua do poder e da sabedoria de Deus. A Sua grandeza é realmente insondável.

As Suas Obras Falam da Sua Glória

No último capítulo, aprendemos a respeito da grande loucura do homem – reduzir a glória do Senhor à nossa imagem e à medida do homem corruptível. Vimos a evidência dessa loucura na igreja, em um nível alarmante. O restante deste capítulo será dedicado a vislumbrarmos apenas um pouco da glória de Deus revelada na Sua criação. Vamos olhar além da técnica e meditar na maravilha do que está sendo descrito, pois a Sua criação prega um maravilhoso sermão e nos oferece alguns pontos para ponderarmos.

O Salmo 145:10-11 diz: "Todas as tuas obras te renderão graças, Senhor... falarão da glória do teu reino e confessarão o Teu poder".

Tenho quatro filhos. Houve um tempo em que meus filhos estavam interessados demais em um determinado jogador profissional de basquete.

Ele é um dos atletas mais populares dos Estados Unidos e transformou-se no ídolo de muitas pessoas do país. Os jogos decisivos da NBA estavam em plena atividade. Eu ouvia continuamente o nome desse jogador ser mencionado pela imprensa, por meus filhos, e pelos amigos deles.

Estava ministrando na costa do Atlântico, juntamente com minha família. Havíamos acabado de chegar da praia, onde os meninos se divertiram com as ondas. Enquanto nos secávamos depois do banho de mar, sentei-me com meus três filhos mais velhos para uma conversa com o papai.

Apontando para a janela, perguntei a eles: "Meninos, esse oceano lá fora é imenso, não é?" Em uníssono, eles responderam: "É, pai!"

Continuei: "Só podemos ver cerca de dois ou três quilômetros, mas o oceano na verdade continua por centenas de quilômetros".

Enrolados no calor e segurança das toalhas, os meninos ouviam com os olhos bem abertos: "Uau!"

"E este nem mesmo é o maior dos oceanos; existe outro ainda maior, que é o Oceano Pacífico. E depois existem mais dois além dele".

Os meninos concordaram em um silêncio maravilhado enquanto ouviam o barulho das ondas quebrando, agora na maré alta, do lado de fora da nossa janela.

Sabendo que, até certo ponto, meus filhos haviam captado a ideia do tremendo volume de água que eu havia acabado de descrever, perguntei: "Meninos, vocês sabiam que Deus pesou toda a água que vocês estão vendo, e toda a água que acabo de descrever, bem na palma da Sua mão?" (Ver Isaías 40:12).

Suas bocas e seus olhos expressavam um espanto genuíno. Eles haviam ficado impressionados porque aquela figura famosa do esporte podia segurar uma bola de basquete em sua mão! Agora, segurar uma bola de basquete parecia uma coisa insignificante.

"Vocês sabem o que mais a Bíblia fala sobre o quanto Deus é grande?" perguntei.

"O quê, pai?"

"A Bíblia declara que Deus pode medir o universo com palmos" (Is 40:12). Abrindo minha mão diante deles, demonstrei que um palmo era a distância entre a ponta do meu polegar e a ponta do meu dedo mindinho. Deus pode medir o universo com a distância do Seu polegar até a ponta do Seu dedinho menor!"

O Sermão Interminável

O próprio universo declara a glória do Senhor. Leias as palavras inspiradoras de Davi:

> Os céus declaram a glória de Deus; o firmamento proclama a obra das suas mãos. Um dia fala a outro dia; uma noite revela a outra noite. Sem discurso nem palavras, não se ouve a sua voz. Mas a sua voz ressoa por toda a terra, e as suas palavras, até os confins do mundo.
>
> - SALMO 19:1-4, NVI

Faça uma pausa por um instante e reflita sobre a imensa extensão do universo. Faça isso, e você terá um vislumbre fugaz da Sua glória sem limites! Nas palavras de Davi, "o universo declara isto". A criação de Deus não está limitada à terra, mas inclui até o universo desconhecido. Ele organizou as estrelas nos céus com os Seus dedos (Ver Salmo 8:3). Para a maioria de nós, é difícil compreender a vastidão do universo.

Depois do nosso sol, a estrela mais próxima fica a 4.3 anos luz de distância. Para que esta distância não seja apenas um número, vamos detalhá-la melhor. A luz viaja à velocidade de 299.791 quilômetros por segundo – não por hora, mas por segundo. Isso corresponde a aproximadamente 1.078.030.000 quilômetros por hora. Os nossos aviões voam a aproximadamente 804.672 quilômetros por hora.

A lua gira a aproximadamente 384.633 quilômetros da terra. Se viajássemos de avião para a lua, levaríamos 19 dias de viagem. Mas a luz atinge essa distância em 1.3 segundos!

Vamos em frente. O sol está a 1.496.370.000 quilômetros da terra. Se você embarcasse em um jato hoje e viajasse até o sol, sua jornada levaria mais de vinte e um anos! E isso sem escalas! Onde você estava há vinte e um anos? Isso é muito tempo. Você pode imaginar voar durante todo esse tempo sem um instante de pausa para chegar ao sol? Para aqueles que preferem dirigir... bem, isso não poderia ser feito em uma vida. Levaria aproximadamente 200 anos, sem incluir nenhuma parada para abastecer ou para descansar! Mas a luz percorre esta distância em apenas oito minutos e vinte segundos!

Vamos sair do sol e passar para a estrela mais próxima. Já sabemos que ela fica a 4.3 anos luz da terra. Se construíssemos uma maquete da terra, do sol, e da estrela mais próxima, seria assim: proporcionalmente, a terra se reduziria ao tamanho de um grão de pimenta, e o sol seria do tamanho de uma bola de 20 centímetros de diâmetro. De acordo com o tamanho desta maquete, a distância da terra até o sol seria de 23 metros, que é apenas um quarto do comprimento de um campo de futebol. Mas lembre-se, para um avião atravessar essa distância de 23 metros, levaria mais de vinte e um anos.

Então, se esta é a proporção em tamanho e distância da terra e do sol, você pode imaginar a que distância a estrela mais próxima estaria da nossa terra de grão de pimenta? Você imaginaria que seria a 900 quilômetros, 1.800 quilômetros, ou talvez 2.000 quilômetros? Nem de longe! A nossa estrela mais próxima estaria a 643.737 quilômetros de distância do grão de pimenta! Isso significa que se você colocar o grão de pimenta em San Diego, na Califórnia, a estrela mais próxima na nossa maquete ficaria posicionada depois da cidade de Nova Iorque e entrando pelo Oceano Atlântico ainda por 1.609.344 quilômetros!

Para se chegar a esta estrela mais próxima de avião, levaríamos aproximadamente 51 bilhões de anos, sem paradas! Isso são 51.000.000.000

anos! No entanto, a luz dessa estrela viaja até a terra em apenas 4.3 anos!

Vamos expandir ainda mais. As estrelas que você vê à noite, a olho nu, estão entre cem a mil anos luz de distância da terra. No entanto, existem algumas poucas estrelas que podemos ver a olho nu e que estão a 4000 anos luz de distância. Eu nem sequer me atreveria a tentar calcular o tempo que levaria para um avião chegar a uma dessas estrelas. Mas pense nisso: a luz viaja a uma velocidade de 299.791 quilômetros por segundo, e ainda assim ela leva 4.000 anos para chegar à Terra. Isso significa que a luz dessas estrelas foi liberada antes de Moisés ter dividido o Mar Vermelho, viajou por uma distância de 670.000.000 milhas por hora sem diminuir a velocidade e sem parar desde então, e somente agora ela está chegando à Terra!

Mas estas a que me refiro são apenas as estrelas que se encontram em nossa galáxia. Uma galáxia é um vasto conglomerado de bilhões de estrelas. A galáxia onde vivemos chama-se Via Láctea. Assim, vamos expandir ainda mais.

A galáxia mais próxima à nossa é a Galáxia de Andrômeda. A sua distância de nós é de aproximadamente 2.31 milhões de anos luz! Imagine, mais de dois milhões de anos luz de distância! Será que já chegamos ao limite da nossa compreensão?

Os cientistas estimam que existem bilhões de galáxias, cada uma delas carregada de bilhões de estrelas. As galáxias tendem a se agrupar. A Galáxia de Andrômeda e a nossa Via Láctea são parte de um grupo de pelo menos trinta galáxias. Outros grupos podem conter milhares de galáxias.

O *Guinness Book* de Recordes Mundiais relata que em Junho de 1994 foi descoberto um novo grupo de galáxias em forma de casulo. A distância desse grupo de galáxias foi calculada em 650.000.000 de anos luz! Você pode imaginar quanto tempo levaria para atravessar uma distância tão vasta de avião?

O Guinness Book também afirma que o objeto mais remoto já visto pelo homem parece estar a mais de 13.2 bilhões de anos luz de distância. As nossas mentes finitas não podem sequer começar a compreender distâncias tão imensas. Ainda não conseguimos vislumbrar os limites dos grupos de galáxias, quanto mais o final do universo. E Deus pode medir tudo isso a palmos! Para completar, o salmista nos diz: "[Deus] Conta o número das estrelas, chamando-as todas pelo seu nome. Grande é o Senhor nosso e mui poderoso; o seu entendimento não se pode medir" (Sl 147:4-5). Ele não apenas pode contar os bilhões de estrelas, como também sabe o nome de cada uma delas! Não é de admirar que o salmista tenha exclamado: "O seu entendimento não se pode medir".

Salomão disse: "Mas, de fato, habitaria Deus na terra? Eis que os céus e até o céu dos céus não te podem conter" (1 Rs 8:27). Você está conseguindo ter um vislumbre maior da Sua glória?

A Sua Gloriosa Sabedoria Se Revela na Criação

> O Senhor fez a terra pelo seu poder; estabeleceu o mundo por sua sabedoria...
>
> - JEREMIAS 10:12

Não apenas a grandeza e o poder da glória de Deus são vistos na criação, como também a Sua grande sabedoria e conhecimento. A ciência levou anos e gastou grande soma em dinheiro para estudar o funcionamento deste mundo natural. Os planos e os elementos fundamentais de Deus continuam sendo uma maravilha.

Todas as formas de vida criada se baseiam em células. As células são os elementos fundamentais do corpo humano, das plantas, dos animais, e de todos os outros seres vivos. O corpo humano, que, por si só, é uma maravilha da engenharia, contém cerca de 100.000.000.000.000 células - (Você consegue compreender este número?) – das quais existe uma grande variedade. Em Sua sabedoria, Deus projetou essas células para realizarem tarefas específicas. Elas crescem, multiplicam-se e finalmente morrem – exatamente no tempo certo.

Embora invisíveis a olho nu, as células não são as partículas menores conhecidas pelo homem. As células consistem de numerosas estruturas menores chamadas moléculas, e as moléculas são compostas de estruturas ainda menores chamadas elementos – e dentro dos elementos podemos encontrar estruturas ainda menores chamadas átomos.

Os átomos são tão pequenos que o ponto no final desta frase contém mais de um bilhão deles. Por mais minúsculo que um átomo seja, ele é feito quase que inteiramente de espaço vazio. O resto do átomo é composto de prótons, neutros e elétrons. Os prótons e nêutrons são encontrados agrupados em um núcleo minúsculo e extremamente denso no centro exato do átomo. Pequenos feixes de energia chamados elétrons se movem rapidamente ao redor desse núcleo à velocidade da luz. Esses são os elementos fundamentais centrais que mantêm as coisas unidas.

Então, de onde o átomo retira a sua energia? E que força mantém as suas partículas energéticas unidas? Os cientistas chamam-na de energia atômica. Este é apenas um termo científico para descrever o que eles não conseguem explicar. Pois Deus já disse que Ele "sustenta todas as coisas pela palavra do seu poder" (Hb 1:3). Colossenses 1:17 diz: "Nele tudo subsiste" (NVI).

Pare e reflita sobre isso apenas por um instante. Eis este glorioso Construtor a quem até o universo não pode conter. O universo é medido com a palma da Sua mão, mas Ele é tão detalhado em Seu projeto da pequenina terra e das Suas criaturas que deixa a ciência moderna perplexa depois de anos de estudo.

Agora você pode entender o salmista com mais clareza quando ele declara: "Graças te dou, visto que por modo assombrosamente maravilhoso me formaste" (Sl 139:14). Você também pode ver, principalmente neste tempo em que vivemos, com todo conhecimento científico que reunimos até hoje, por que a Palavra diz: "Diz o insensato no seu coração: 'Não há Deus'" (Sl 14:1).

Naturalmente, muitos livros podem ser escritos sobre as maravilhas e a sabedoria da criação de Deus. Esta não é a minha intenção aqui. O meu propósito é despertar espanto e maravilha diante das obras das Suas mãos, pois elas declaram a Sua grande glória!

"Estamos Entendendo, Papai!"

Vamos voltar à conversa com os meus garotos. Após relatar toda essa informação científica em termos que eles pudessem entender, concluí: "Então vocês estão impressionados com um homem que pode saltar da linha de 4.5 metros em uma quadra de basquete e colocar uma bola cheia de ar em uma pequena cesta?"

Eles disseram: "Estamos entendendo, papai!"

"O que esse jogador de basquete tem que Deus não tenha dado a ele?" concluí.

Eles responderam: "Nada!"

Desde então, a opinião deles a respeito desse homem passou da adoração a um herói para um respeito saudável. Na verdade, os cartões de basquete deles agora se chamam "cartões de oração". Eles estão orando pela salvação daqueles homens a quem as pessoas veem como heróis.

Você pode entender um pouco melhor agora o que Deus realmente estava dizendo quando perguntou a Jó: "Quem primeiro me deu a mim, para que eu haja de retribuir-lhe? Pois o que está debaixo de todos os céus é meu" (Jó 41:11).

Que é o Homem?

Quando contemplo os teus céus, obra dos teus dedos, a lua e as estrelas que ali firmaste, pergunto: Que é o homem para que com ele te importes?

- SALMO 8:3-4, NVI

Acredito, embora não possa provar, que o Salmo 8 registra a reação à Criação de um dos poderosos serafins que cercam o trono de Deus. Pare e pense nisso, e tente ver através dos olhos desse anjo. Este Deus tremendo e poderoso que acaba de criar o universo e de colocar as estrelas em seu lugar com os Seus dedos, agora vem até um pequeno planeta que não passa de um pontinho chamado Terra e transforma o que parece ser um pequeno e insignificante pontinho de poeira no corpo de um homem.

Mas o que realmente impressiona esse anjo é o foco total da atenção de Deus. Ele está voltado inteiramente para este ser chamado homem. O salmista nos conta que os pensamentos de Deus para conosco são preciosos, e que a soma deles é tão grande que, se fossem contados, seriam mais do que a areia sobre a terra (Sl 139:17-18). Ao ver isso, creio que este anjo clamou: "O que é isto para tu estares tão interessado e tão afetuosamente amoroso com isso? O que é essa pequena coisa que está constantemente em tua mente – e que é o foco total dos teus planos?"

Reserve um tempo, fique quieto, e reflita sobre as obras das mãos de Deus. Somos ensinados a fazer isso. Ao fazê-lo, a criação pregará um sermão para você. Ela declarará a glória de Deus!

*Antes que a glória de Deus
venha, é preciso que
haja ordem divina.*

QUATRO

ORDEM, GLÓRIA, JULGAMENTO: *PARTE I*

> *Porque Deus, que disse: Das trevas resplandecerá a luz, ele mesmo resplandeceu em nosso coração, para iluminação do conhecimento da glória de Deus, na face de Cristo.*
>
> — 2 CORÍNTIOS 4:6

Nos próximos capítulos, estabeleceremos um padrão importante que ocorre ao longo das Escrituras. Ele será a estrutura histórica que dará suporte para compreendermos as questões que dizem respeito aos dias de hoje.

O Padrão de Deus

Era a primeira noite de um total de quatro das reuniões agendadas na cidade de Saskatchewan, no Canadá. O pastor estava me apresentando, e eu estaria na plataforma em menos de três minutos.

De repente, o Espírito de Deus começou a me levar rapidamente através da Bíblia, revelando um padrão que ocorre ao longo do Antigo e do Novo Testamento. O padrão é este:

1. Ordem Divina
2. Glória de Deus
3. Julgamento

Antes que Deus manifeste a Sua glória, deve haver ordem divina. Quando a Sua glória é revelada, há grande bênção. Mas também, quando a Sua glória é revelada, toda irreverência, desordem ou desobediência recebem julgamento imediato.

Deus abriu os meus olhos para este padrão em menos de dois minutos, e me fez saber que eu deveria pregar sobre isso à faminta congregação de canadenses diante de mim. O culto daquela noite foi um dos mais poderosos que já ministrei, por isso, desejo compartilhar esta verdade com você.

Desde o Princípio

Para estabelecer um fundamento, vamos ao princípio. Quando Deus criou os céus e a terra:

> A terra, porém, estava sem forma e vazia; havia trevas sobre a face do abismo, e o Espírito de Deus pairava por sobre as águas.
> - GÊNESIS 1:2

As palavras "sem forma" são uma combinação de duas palavras em hebraico, *hayah* e *tohuw*. Juntas, essas duas palavras oferecem um relato mais ilustrativo: "A terra havia se tornado sem forma e caótica". Não havia ordem, mas *desordem*.

Embora o Espírito de Deus estivesse pairando ou "chocando" sobre esse caos, Ele não se moveria sobre ele até que a Palavra de Deus fosse liberada. Uma vez que as palavras de Deus foram pronunciadas, a ordem divina foi colocada em operação neste planeta. Deus preparou a terra por seis dias antes de liberar a Sua glória sobre ela. Ele cuidou especialmente do jardim que havia plantado para os Seus. Então Deus criou o Seu homem – o foco da Criação.

Quando o jardim estava preparado, Deus "formou o homem do pó da terra". A ciência encontrou cada elemento químico do corpo humano presente na crosta terrestre. Deus projetou uma maravilha tanto da engenharia quanto da ciência.

A Ordem Divina Traz a Glória de Deus

Deus levou seis dias para trazer a ordem divina à terra. Então Ele trouxe ordem ao corpo do homem. Quando a ordem divina foi alcançada, Deus "lhe soprou as narinas o fôlego de vida, e o homem passou a ser alma vivente" (Gn 2:7). Deus literalmente soprou o Seu Espírito neste corpo humano.

O homem foi criado à imagem e semelhança de Deus, em seguida a mulher foi tirada do lado do homem. Eles não tinham roupas nem cobertas. "Ora, um e outro, o homem e sua mulher, estavam nus, e não se envergonhavam" (v. 25). Todas as outras criaturas receberam cobertas. Os animais têm pelos, os pássaros têm penas, os peixes têm escamas ou conchas. Mas o homem não precisava de uma cobertura externa, pois o salmista nos diz que Deus "de glória e de honra o coroou" (ver Salmo 8:5). A palavra hebraica para "coroou" é *atar*. Significa "rodear ou cercar". Na essência, o homem e a mulher estavam vestidos com a glória do senhor e não necessitavam de roupas naturais.

As bênçãos que este primeiro casal experimentou eram indescritíveis. O jardim produzia a sua força sem que fosse necessário cultivá-lo.

Os animais viviam em harmonia com o homem. Não havia enfermidade, doença, ou pobreza. Mas o melhor de tudo é que este casal tinha o privilégio de andar com Deus em Sua glória!

Julgamento

Em primeiro lugar, Deus trouxe a sua ordem divina pela Sua Palavra e pelo Seu Espírito. Então a Sua glória foi revelada. As bênçãos eram abundantes, mas então veio a queda. O Senhor Deus ordenou ao homem que não comesse do fruto da árvore do conhecimento do bem e do mal, pois desobedecer significaria a morte espiritual imediata.

Debochando de Deus, Satanás desafiou a Palavra do Senhor com a sua contradição deturpada: "É certo que não morrereis. Porque Deus sabe que no dia em que deles comerdes se vos abrirão os olhos e, como Deus, sereis conhecedores do bem e do mal" (Gn 3:4-5). Então Adão, com pleno conhecimento de seus atos, optou por desobedecer a Deus. Sua irreverência não era nada menos do que alta traição. Quando isso aconteceu, seguiu-se o juízo.

Imediatamente Adão e Eva souberam que estavam nus. A glória havia ido embora, deixando-os descobertos e separados de Deus em um estado de morte espiritual. Em uma tentativa fútil de cobrir sua nudez, eles prepararam apressadamente algumas folhas e vinhas e se vestiram com a obra das suas mãos. Deus viu o que eles haviam feito, pronunciou o julgamento sobre eles, e os vestiu com túnicas de peles, mais provavelmente de um cordeiro, representando o Cordeiro de Deus que viria e restauraria o relacionamento do homem com Deus. Em seguida, o casal caído foi levado para fora do jardim onde a vida eterna se encontrava. Como resultado da desobediência irreverente de Adão na presença da glória de Deus, o julgamento foi severo.

O Tabernáculo da Sua Glória

Centenas de anos se passam, e Deus finalmente encontra um amigo em Abrão. Deus faz uma aliança de promessa com Abrão e muda seu nome para *Abraão*. Através da obediência deste homem, as promessas de Deus são garantidas novamente para as gerações que virão. Os descendentes de Abraão terminam no Egito como escravos por mais de quatrocentos anos. Em meio à dificuldade do povo, Deus levanta um profeta e libertador chamado Moisés.

Quando os descendentes de Abraão são libertos do cativeiro, Deus os leva para o deserto. É no deserto do Monte Sinai que Deus delineia o Seu plano de habitar com o Seu povo. Deus diz a Moisés: "Eu sou o Senhor, seu Deus, que os tirou da terra do Egito, para habitar no meio deles" (Ex 29:46).

Mais uma vez Deus andará com o homem, pois este sempre foi o Seu desejo. Contudo, por causa do estado caído do homem, Deus não pode habitar dentro dele. Então Ele instrui Moisés: "E me farão um santuário, para que eu possa habitar no meio deles" (Ex 25:8). Este santuário era chamado de tabernáculo.

Antes que a glória de Deus venha, primeiro deve haver ordem divina. Portanto, Deus instrui cuidadosamente Moisés sobre como construir o tabernáculo. Ele é muito específico com relação a todos os pontos quanto a quem deve construí-lo e quem deverá servir nele. Essas instruções são detalhadas quanto aos materiais, às medidas, à mobília, e às ofertas. Na verdade, as instruções específicas se estendem por muitos capítulos do livro de Êxodo.

Este santuário feito pelo homem refletia o santuário celeste (Hb 9:23-24). Deus advertiu Moisés: "Vê que faças todas as coisas de acordo com o modelo que te foi mostrado no monte" (Hb 8:5; ver também Ex 25:40). Era de extrema importância que tudo fosse feito exatamente como indicado. Essas instruções forneceriam a ordem divina necessária antes que a glória do Rei fosse manifestada na presença deles.

Uma oferta recebida da congregação forneceu todos os materiais de que necessitavam – ouro, prata, bronze, fios azuis, púrpura e escarlate, linho fino, peles, pêlo, madeira de acácia, óleo, especiarias e pedras preciosas.

O Senhor havia dito a Moisés: "Eis que chamei pelo nome a Bezalel... da tribo de Judá; e o enchi do Espírito de Deus, de habilidade, de inteligência e de conhecimento, em todo artifício... Eis que lhe dei por companheiro Aoliabe, filho de Aisamaque, da tribo de Dã; e dei habilidade a todos os homens hábeis, para que me façam tudo o que tenho ordenado" (Ex 31:1-3, 6). O Espírito de Deus estava sobre estes homens para trazer ordem divina. O Espírito de Deus operando através de homens, unido em harmonia com a Palavra de Deus, mais uma vez traria a ordem divina.

Logo, todos esses homens capacitados começaram a trabalhar no tabernáculo. Eles fizeram as cortinas, as telas, e os pilares. Eles forjaram a arca do testemunho, a mesa dos pães da proposição, o candelabro de ouro, o altar do incenso, o altar das ofertas queimadas, a pia de bronze. Eles fizeram as vestimentas sacerdotais e o óleo para a unção.

> Tudo segundo o Senhor ordenara a Moisés, assim fizeram os filhos de Israel toda a obra. Viu, pois, Moisés toda a obra, e eis que a tinham feito segundo o Senhor havia ordenado; assim a fizeram, e Moisés os abençoou. Depois, disse o Senhor a Moisés: "No primeiro dia do primeiro mês, levantarás o tabernáculo da tenda da congregação".
>
> - ÊXODO 39:42 – 40:2

As instruções de Deus eram tão específicas que o tabernáculo tinha de ser levantado nesta data exata.

O primeiro dia do primeiro mês chegou. Moisés e os peritos artesãos levantaram o tabernáculo. Então lemos:

Assim Moisés acabou a obra.

— ÊXODO 40:33

Agora tudo estava pronto. A ordem divina estava em seu lugar por causa da Palavra de Deus e de um povo submisso à direção do Espírito Santo. Agora observe o que aconteceu:

> Então a nuvem cobriu a tenda da congregação, e a glória do Senhor encheu o tabernáculo. Moisés não podia entrar na tenda da congregação, porque a nuvem permanecia sobre ela, e a glória do Senhor enchia o tabernáculo.
>
> — ÊXODO 40:34-35

Quando a ordem divina foi alcançada, Deus revelou a Sua glória. A maioria de nós que estamos na igreja está destituída do entendimento da glória do Senhor. Participei de muitas reuniões onde os ministros declararam, ou por ignorância ou por exagero: "A glória do Senhor está aqui". Antes de prosseguirmos, vamos discutir o que é a glória do Senhor.

A Glória do Senhor

Primeiramente, a glória do Senhor não é uma nuvem. Alguns podem perguntar: "Então, por que se menciona uma nuvem quase todas as vezes que a glória de Deus se manifesta nas Escrituras?" O motivo é este: Deus se esconde na nuvem. Ele é magnificente demais para que a humanidade possa contemplá-lo. Se a nuvem não cobrisse a Sua face, todos ao Seu redor seriam consumidos e morreriam imediatamente.

> Então, ele [Moisés] disse: "Rogo-te que me mostres a tua glória". Respondeu-lhe:... "Não me poderás ver a face, porquanto homem nenhum verá a minha face e viverá".
>
> — ÊXODO 33:18, 20

A carne mortal não pode permanecer na presença do santo Senhor em Sua glória. Paulo disse:

> Pelo bendito e único Soberano, o Rei dos reis e Senhor dos senhores, o único que possui imortalidade, que habita em luz inacessível, a quem homem algum jamais viu, nem é capaz de ver. A Ele honra e poder eterno. Amém.
>
> — 1 TIMÓTEO 6:15-16

Hebreus 12:29 nos diz que Deus é fogo consumidor. Ora, quando você pensar sobre isso, não imagine um fogo proveniente da madeira. Um fogo consumidor não poderia ser contido nos limites da sua lareira. "Deus é luz e nele não há trevas" (1 Jo 1:5). O tipo de fogo que arde em sua lareira não produz luz perfeita. Ele contém trevas. Ele é acessível, e você pode olhar para ele.

Então, vamos passar para uma luz mais intensa. Imagine o feixe de raio laser. É uma luz muito concentrada e intensa, mas ainda não é a luz perfeita. Por mais luminosa e poderosa que seja, ela ainda contém trevas dentro do fogo da sua luz.

Paulo disse a Timóteo que a glória de Deus é "luz inacessível, a quem homem algum jamais viu nem é capaz de ver".

Paulo podia escrever isso com muita facilidade porque ele experimentou uma certa medida dessa luz na estrada para Damasco. Ele relatou sua experiência deste modo ao Rei Agripa:

> Ao meio-dia, ó rei, indo eu caminho fora, vi uma luz no céu, mais resplandecente que o sol, que brilhou ao redor de mim.
>
> — ATOS 26:13

Paulo disse que essa luz era mais clara que o sol do meio-dia! Pare um instante e tente olhar diretamente para o sol do meio-dia. É difícil olhar para o sol a não ser que ele esteja coberto por uma nuvem. Deus em Sua glória excede este brilho infinitamente.

Paulo não viu a face do Senhor; ele só viu a luz que emanava Dele, por isso teve de perguntar: "Quem és Tu, Senhor?" Ele não podia ver a Sua forma ou as feições do Seu rosto; ele estava totalmente cego pela luz que emanava da Sua glória, que sobrepujava até o brilho do sol do Oriente Médio!

Talvez isto explique por que os profetas Joel e Isaías declararam que nos últimos dias, quando a glória do Senhor for revelada, o sol será transformado em trevas. "Eis que vem o Dia do Senhor... porque as estrelas e as constelações dos céus não darão a sua luz; o sol, logo ao nascer, se escurecerá, e a luz não fará resplandecer a sua luz" (Is 13:9-10).

A glória de Deus superará qualquer outra luz. Ele é a luz perfeita e consumidora. "Então, os homens se meterão nas cavernas das rochas e nos buracos da terra, ante o terror do Senhor e a glória da sua majestade, quando ele se levantar para espantar a terra" (Is 2:19).

A glória de Deus é tão avassaladora que quando Ele apareceu diante dos filhos de Israel em meio à nuvem escura no Sinai, o povo clamou aterrorizado e recuou. Moisés descreveu esse acontecimento:

> Estas palavras falou o Senhor a toda a vossa congregação no monte, do meio do fogo, da nuvem e da escuridade, com grande voz... Sucedeu que, ouvindo a voz do meio das trevas, enquanto ardia o monte em fogo, vos achegastes a mim, todos os cabeças das vossas tribos e vossos anciãos.
>
> E dissestes: "Eis aqui o Senhor, nosso Deus, nos fez ver a sua glória e a sua grandeza, e ouvimos a sua voz do meio do fogo; hoje, vimos que Deus fala com o homem, e este permanece vivo. Agora, pois, por que morreríamos? Pois este grande fogo nos consumiria; se ainda mais ouvíssemos a voz do Senhor, nosso Deus, morreríamos".
>
> — DEUTERONÔMIO 5:22-27

Embora eles tivessem visto o Senhor coberto pelas densas trevas de uma nuvem, ela não podia esconder o brilho da Sua glória.

Tudo o Que Faz Deus Ser Deus

Então, agora, vamos fazer a pergunta: *O que é a glória do Senhor?* Para responder, vamos voltar ao pedido de Moisés na montanha de Deus. Moisés pediu:

> Mostra-me a tua glória.
>
> - ÊXODO 33:18

A palavra hebraica para "glória" usada por Moisés nesta ocasião foi *kabod*. Ela é definida pelo Dicionário Bíblico Strong como o "peso de alguma coisa, mas somente figurativamente em um bom sentido". A definição também fala de esplendor, abundância e honra. Moisés estava pedindo: "Mostra-te a mim em *todo* o teu esplendor". Veja com atenção a resposta de Deus:

> Respondeu-lhe: "Farei passar toda a minha bondade diante de ti e te proclamarei o nome do Senhor".
>
> - ÊXODO 33:19

Moisés pediu toda a Sua glória, e Deus se referiu a ela como "toda a minha bondade..." A palavra hebraica para "bondade" é *tuwb*. Significa "bom no sentido mais amplo". Em outras palavras, nada é retido.

Então Deus disse: "Te proclamarei o nome do Senhor". Antes de um rei terreno entrar na sala do trono, o seu nome é sempre anunciado por proclamação. Somente então ele entra em seu esplendor. A grandeza do rei é revelada, e na sua corte não existe engano quanto a quem é o rei. Se esse monarca estivesse na rua de uma das cidades da sua nação vestido com roupas comuns, sem nenhum serviçal, ele poderia passar sem que as pessoas à sua volta percebessem a sua real identidade. Então, na essência, foi exatamente isso que Deus fez por Moisés. Ele está dizendo: "Proclamarei o meu próprio nome e passarei por você em todo o meu esplendor".

Então vemos que a glória do Senhor é tudo que faz Deus ser Deus. Todas as Suas características, autoridade, poder, sabedoria – literalmente o imensurável peso e magnitude de Deus – estão contidos dentro da glória de Deus. Nada é oculto ou retido!

A Glória de Deus Está Revelada em Cristo

Aprendemos que a glória do Senhor é revelada na face de Jesus Cristo (2 Co 4:6). Muitos afirmaram ter tido uma visão de Jesus e ter olhado para a Sua face. Isso é plenamente possível. Paulo descreveu essa verdade: "Agora, portanto, enxergamos apenas um reflexo obscuro, como em um material polido; entretanto, haverá o dia em que veremos face a face" (1 Co 13:12, KJV). A Sua glória está ofuscada por um reflexo obscuro, pois nenhum homem pode olhar para a Sua glória inteiramente revelada e viver.

Alguém pode questionar: "Mas os discípulos olharam a face de Jesus depois que Ele ressuscitou dos mortos!" Isso também é verdade. O motivo pelo qual isso aconteceu é que Ele não exibiu a Sua glória abertamente. Houve alguns que viram o Senhor, mesmo no Antigo Testamento, mas Ele não estava revelado em toda a Sua glória. O Senhor apareceu a Abraão próximo aos carvalhais de Manre (Gn 18:1-2). Josué contemplou a face do Senhor antes de invadir Jericó (Js 5:13-14). O Senhor disse a ele: "Descalça as sandálias dos pés, porque o lugar em que estás é santo" (v. 15).

O mesmo aconteceu após a Ressurreição. Os discípulos tomaram café da manhã com Jesus no Mar de Tiberíades (Jo 21:9-10). Dois discípulos andaram com Jesus na estrada de Emaús, "mas os seus olhos estavam impedidos" (Lc 24:16). Todos estes contemplaram a Sua face porque Ele não exibiu abertamente a Sua glória.

Em contraste, o apóstolo João viu o Senhor no Espírito e teve um encontro inteiramente diferente daquele café da manhã com Ele junto ao mar, pois João o viu em Sua glória:

> Achei-me em Espírito no dia do Senhor, e ouvi por detrás de mim, grande voz, como de trombeta...Voltei-me para ver quem falava comigo e, voltado, vi sete candeeiros de ouro e, no meio dos candeeiros, um semelhante a Filho de Homem, com vestes talares e cingido, à altura do peito, com uma cinta de ouro. A Sua cabeça e cabelos eram brancos como a alva lã, como neve; os olhos, como chama de fogo; os pés, semelhantes ao bronze polido, como que refinado numa fornalha; a voz, como voz de muitas águas. Tinha na mão direita sete estrelas, e da boca saía-lhe uma afiada espada de dois gumes. O Seu rosto brilhava como o sol na sua força. Quando o vi, caí a seus pés como morto.
>
> - APOCALIPSE 1:10, 12-17

Observe que o Seu rosto era como o sol brilhando na sua força. Como então João podia olhar para Ele? A razão é: ele estava em Espírito, assim como Isaías estava no Espírito quando viu o trono e os serafins acima dele e Aquele que se assenta no trono (Is 6:1-4). Moisés não podia olhar a face de Deus, pois Moisés estava em seu corpo físico natural.

Ele Reteve a Sua Glória para Nos Testar

A glória do Senhor é tudo o que compõe Deus. Isso ultrapassa tremendamente a nossa capacidade de compreensão e entendimento, pois até os poderosos serafins continuam a clamar: "Santo, santo, santo..." maravilhados em espanto avassalador.

Os quatro seres viventes diante do Seu trono clamam: "Santo, santo, santo, é o Senhor Deus, o Todo-Poderoso, aquele que é, que era e que há de vir" (Ap 4:8).

> Quando esses seres viventes derem glória, honra e ação de graças ao que se encontra sentado no trono, adorarão o que vive pelos séculos dos séculos e depositarão as suas coroas diante do trono, proclamando: "Tu és digno, Senhor e Deus nosso, de receber a glória, a honra e o poder, porque todas as coisas tu criaste, sim, por causa da tua vontade vieram a existir e foram criadas".
>
> - APOCALIPSE 4:9-10

Ele merece mais glória do que qualquer criatura viva pode lhe dar por toda a eternidade!

Precisamos nos lembrar de que servimos Àquele que criou o universo e a terra. Ele é de eternidade e será por toda a eternidade! Não há outro como Ele. Em Sua sabedoria, Ele intencionalmente retém a revelação da Sua glória para ver se nós o serviremos com amor e reverência, ou se voltaremos a nossa atenção para as coisas que recebem glória na terra, mas que perdem seu brilho se comparadas a Ele.

*Não podemos esperar sermos
admitidos em Sua presença
com uma atitude
de desrespeito.*

CINCO

ORDEM, GLÓRIA, JULGAMENTO:
PARTE II

Os sacerdotes não podiam estar ali para ministrar, por causa da nuvem, porque a glória do Senhor encheu a Casa de Deus.

— 2 CRÔNICAS 5:14

Quando o tabernáculo foi erguido, a ordem divina foi alcançada. Assim que tudo estava em seu lugar:

Então a nuvem cobriu a tenda da congregação, e a glória do Senhor encheu o tabernáculo. Moisés não podia entrar na tenda da congregação, porque a nuvem permanecia sobre ela, e a glória do Senhor enchia o tabernáculo.

— ÊXODO 40:34-35

Depois da nossa explicação sobre a glória do Senhor, podemos entender por que até o amigo de Deus, Moisés, não pôde entrar. O tabernáculo estava cheio da glória do Senhor!

A glória de Deus manifestando-se e habitando em meio a Israel trouxe uma tremenda bênção. Na Sua gloriosa presença havia provisão, direção, cura e proteção. Nenhum inimigo podia permanecer diante de Israel. A revelação da Sua Palavra era abundante. Também havia o benefício de ter a nuvem da Sua glória para prover sombra aos filhos de Israel contra o calor do deserto durante o dia, assim como para fornecer calor e luz para eles durante a noite. Não havia falta de nada de que eles necessitassem.

Julgamento

Deus havia instruído Moisés previamente: "Faze também vir para junto de ti Arão, teu irmão, e seus filhos com ele, dentre os filhos de Israel, para me oficiarem como sacerdotes, a saber, Arão e seus filhos Nadabe, Abiú, Eleazer e Itamar" (Ex 28:1).

Esses homens foram separados e treinados para ministrarem ao Senhor e para se colocarem na brecha pelo povo. As obrigações deles e os parâmetros para a adoração foram delineados em instruções muito específicas passadas de Deus a Moisés. O treinamento deles era parte de uma ordem divina. Seguindo-se a esta instrução e treinamento vinha a verdadeira consagração desses homens. Com tudo em seu devido lugar, o ministério deles teve início.

Leia com atenção o que dois desses sacerdotes fizeram depois que a glória do Senhor foi revelada no tabernáculo:

> Nadabe e Abiú, filhos de Arão, pegaram cada um o seu incensário, nos quais acenderam fogo, acrescentaram incenso, e trouxeram fogo profano perante o Senhor, sem que tivessem sido autorizados.
>
> – LEVÍTICO 10:1, NVI

Observe que Nadabe e Abiú ofereceram fogo profano perante a presença do Senhor. Uma definição para *"profano"* no Dicionário Webster é *"que demonstra desrespeito ou desprezo pelas coisas sagradas; irreverente"*. Significa tratar o que Deus chama de santo ou sagrado como se fosse coisa comum. Esses dois homens tomaram os seus incensários que eram separados para a adoração ao Senhor e os encheram com o fogo e o incenso escolhidos por vontade própria, e não com a oferta prescrita por Deus. Eles foram descuidados com o que Deus chamava de santo e demonstraram falta de reverência. Eles entraram com irreverência na presença do Senhor, levando uma oferta inaceitável. Eles trataram o que era santo como coisa comum. Veja o resultado disso:

> Então saiu fogo de diante do Senhor e os consumiu; e morreram perante o Senhor.
>
> - LEVÍTICO 10:2

Esses dois homens foram julgados instantaneamente por sua irreverência. Eles receberam morte imediata. A irreverência deles ocorreu após a revelação da glória de Deus. Embora fossem sacerdotes, não estavam isentos de prestar honra a Deus. Eles pecaram ao se aproximarem de um Deus santo como se Ele fosse uma pessoa comum! Eles haviam se acostumado demais com a Sua presença! Agora ouçam as palavras proferidas por Moisés imediatamente após este julgamento de morte.

> E falou Moisés a Arão: "Isto é o que o Senhor disse: 'Mostrarei a minha santidade naqueles que se cheguem a mim e serei glorificado diante de todo o povo'". Porém Arão se calou.
>
> - LEVÍTICO 10:3

Deus já havia deixado claro que a irreverência não podia sobreviver na presença de um Deus santo. De Deus não se zomba. E hoje as coisas não são diferentes; Ele é o mesmo Deus santo. Não podemos esperar ser admitidos na Sua presença com uma atitude de desrespeito.

Nadabe e Abiú eram sobrinhos de Moisés. Mas Moisés sabia que não podia questionar o julgamento de Deus, pois ele sabia que Deus é justo. Na verdade, Moisés adverte Arão e os seus dois filhos sobreviventes para nem sequer chorarem a morte deles para que não viessem a morrer também. Isto desonraria ainda mais ao Senhor, portanto os corpos de Nadabe e Abiú foram levados para fora do arraial e enterrados.

Vemos mais uma vez o padrão – ordem divina, glória de Deus revelada, e depois julgamento pela irreverência.

Um Novo Santuário

Quase quinhentos anos depois, o filho do Rei Davi, Salomão, iniciou a construção de um templo para a presença do Senhor habitar. Este era um empreendimento gigantesco. O armazenamento de materiais, a maioria dos quais haviam sido reunidos sob o reinado de Davi, era enorme. Antes de sua morte, Davi instruiu Salomão:

> Eis que com penoso trabalho preparei para a Casa do Senhor cem mil talentos de ouro e um milhão de talentos de prata, e bronze e ferro em tal abundância, que nem foram pesados; também madeira e pedras preparei, cuja quantidade podes aumentar. Além disso, tens contigo trabalhadores em grande número, e canteiros, e pedreiros, e carpinteiros, e peritos em toda sorte de obra de ouro e de prata, e também de bronze e de ferro, que se não pode contar. Dispõe-te, pois, e faze a obra, e o Senhor seja contigo!
>
> – 1 CRÔNICAS 22:14-16, NLT

Salomão acrescentou mais aos materiais já fornecidos e iniciou a construção do templo no quarto ano do seu reinado. O projeto do templo era magnífico, sua ornamentação e seus detalhes eram extraordinários. Mesmo com uma força tarefa de dezenas de milhares de homens, a coleta de materiais e a construção ainda assim levaram sete anos inteiros. Lemos então:

> Assim, se acabou toda a obra que fez o rei Salomão para a Casa do Senhor.
>
> - 2 CRÔNICAS 5:1

Salomão então reuniu Israel em Jerusalém, onde ficava o templo. "Puseram os sacerdotes a arca da Aliança do Senhor no seu lugar" (2 Cr 5:7). Todos os sacerdotes se santificaram. Não haveria qualquer irreverência na presença de Deus. Eles se lembravam do destino de seus parentes distantes, Nadabe e Abiú.

Então os levitas, que eram os cantores e músicos, se colocaram na extremidade leste do altar, vestidos de linho fino, e com eles havia cento e vinte sacerdotes, tocando trombetas.

Mais uma vez, grande cuidado, tempo, e uma grande quantidade de trabalho e preparação trouxeram a ordem divina. E o que veio depois da ordem divina? Vamos ler:

> E quando em uníssono, a um tempo, tocaram as trombetas e cantaram para se fazerem ouvir, para louvarem o Senhor e render-lhe graças, e quando levantaram eles a voz com trombetas, címbalos e outros instrumentos músicos para louvarem o Senhor, porque ele é bom, porque a sua misericórdia dura para sempre, então, sucedeu que a casa, a saber, a Casa do Senhor, se encheu de uma nuvem; de maneira que os sacerdotes não podiam estar ali para ministrar, por causa da nuvem, porque a glória do Senhor encheu a Casa de Deus.
>
> - 2 CRÔNICAS 5:13-14

Quando a ordem divina foi alcançada, a glória do Senhor foi revelada. Mais uma vez ela foi tão avassaladora que os sacerdotes não podiam ministrar, pois a glória do Senhor enchia o templo.

Julgamento

Em seguida à revelação da glória de Deus, novamente vemos a irreverência para com a Sua presença e Sua Palavra. Embora os israelitas conhecessem a Sua vontade, o coração deles se tornou descuidado para com o que Deus chama de sagrado e santo.

> Também todos os chefes dos sacerdotes e o povo aumentavam mais e mais as transgressões, segundo todas as abominações dos gentios; e contaminaram a casa que o Senhor tinha santificado em Jerusalém. O Senhor, Deus de seus pais, começando de madrugada, falou-lhes por intermédio dos seus mensageiros, porque se compadecera do seu povo e da sua própria morada. Eles, porém, zombavam dos mensageiros, desprezavam as palavras de Deus e mofavam dos seus profetas.
> — 2 CRÔNICAS 36:14-16

Eles ridicularizaram os Seus mensageiros e desconsideraram as Suas palavras de advertência. O povo zombou dos profetas de Deus. Tenho visto a mesma evidência de uma grande falta de temor hoje em dia.

Certa vez, ministrei em uma grande igreja, pregando uma mensagem forte sobre a obediência e o senhorio de Jesus. A esposa de um dos membros da nossa equipe havia saído do culto com o seu bebê e tinha ido para o saguão onde o culto estava sendo televisionado em circuito fechado. Ela por acaso ouviu duas mulheres da igreja discutindo o sermão: "Quem ele pensa que é? Desligue!" zombavam elas. *Onde está o temor do Senhor?*

Israel e Judá sofreram julgamentos seguidos devido à sua falta de temor e respeito pela presença sagrada do Senhor e pela Sua Palavra. O clímax desse julgamento foi quando os descendentes de Abraão foram levados cativos para a Babilônia. Leia este relato:

> Eles, porém, zombavam dos mensageiros, desprezavam as palavras de Deus e mofavam dos seus profetas, até que subiu a ira do Senhor contra o seu povo, e não houve remédio algum.
> Por isso, o Senhor fez subir contra eles o rei dos caldeus, o qual matou os seus jovens à espada, na casa do seu santuário; e não teve piedade nem dos jovens nem das donzelas, nem dos velhos nem dos mais avançados em idade; a todos os deu nas suas mãos.
> Todos os utensílios da Casa de Deus, grandes e pequenos, os tesouros da Casa do Senhor, e os tesouros do rei e dos seus príncipes, tudo levou ele para a Babilônia. Queimaram a Casa de Deus e derribaram os muros de Jerusalém; todos os seus palácios queimaram, destruindo também todos os seus preciosos objetos.
> - 2 CRÔNICAS 36:16-19

Quero que você pense cuidadosamente sobre o que vou dizer. Reconstituímos três relatos – o jardim, o tabernáculo, e o templo. Em cada caso, o julgamento foi severo. Cada um deles resultou em morte e destruição.

O mais preocupante é o fato de que não estamos falando de pessoas que nunca antes haviam experimentado a glória de Deus ou a Sua presença. Esses julgamentos foram contra aqueles que não apenas haviam ouvido a Sua Palavra, mas também haviam andado na Sua presença e vivido a experiência da Sua glória!

Agora que estabelecemos um fundamento a partir do Antigo Testamento, vamos avançar para os dias do Novo Testamento. Novamente descobrimos algumas verdades muito preocupantes e algumas percepções empolgantes!

*Jesus deixa claro que para segui-lo,
primeiro precisamos calcular
o custo... O preço é nada menos
que as nossas vidas.*

SEIS

UM NOVO SANTUÁRIO

Porque nós somos santuário do Deus vivente, como Ele próprio disse: "Habitarei e andarei entre eles".

- 2 CORÍNTIOS 6:16

No Antigo Testamento, a presença gloriosa de Deus habitava primeiramente no tabernáculo, depois dentro do templo de Salomão. Agora Deus se prepara para se mudar para onde sempre foi a Sua habitação desejada – um templo que não é feito de pedra, mas que se encontra no coração de Seus filhos e filhas.

Preparando Um Povo Para o Senhor

Novamente era necessário que, em primeiro lugar, viesse a ordem divina. Desta vez, a ênfase não estaria na ordem externa, mas na ordem interna. Ali, no lugar secreto do coração, seria o próximo lugar onde a glória do Senhor seria revelada.

O processo de ordem e transformação começou com o ministério de João Batista. Seria um erro considerar João um profeta do Antigo Testamento, pois a Bíblia descreve o seu ministério como "o princípio do Evangelho de Jesus Cristo" (Mc 1:1). Sua pregação se encontra no início de todos os quatro evangelhos. Jesus enfatiza essa verdade quando declara "A lei e os profetas vigoraram até João" (Lc 16:16). Observe que Ele não disse: "A lei e os profetas vigoraram até *Mim*".

O nascimento de João foi anunciado a seu pai por um anjo. O propósito de seu ministério se resume nestas palavras: "E converterá muitos dos filhos de Israel ao Senhor, seu Deus... para... habilitar para o Senhor um povo preparado" (Lc 1:16-17).

Observe que ele deveria "habilitar para o Senhor um povo preparado". Assim como Deus ungiu os artesãos e os artífices dos dias de Moisés para construírem o tabernáculo, Ele também ungiu João para preparar o templo que não era feito por mãos. Pelo Espírito de Deus, ele deu início ao processo de preparação do novo templo.

Isaías profetizou sobre João:

> Voz do que clama no deserto: "Preparai o caminho do Senhor... todo vale será aterrado, e nivelados todos os montes e outeiros; o que é tortuoso será retificado, e os lugares escabrosos, aplanados. A glória do Senhor se manifestará".
>
> - ISAÍAS 40:3-5

Esses montes e outeiros não eram fortalezas de elementos naturais, mas sim, os caminhos do homem que se opunham aos caminhos de Deus. O orgulho elevado e eminente dos homens tinha de ser rebaixado. A irreverência e a loucura do homem seriam confrontadas e derrubadas como preparação para a revelação da glória do Senhor.

A palavra hebraica para "tortuoso" no versículo acima é *aqob*. O Dicionário Strong a define como "fraudulento, enganoso, poluído, ou tortuoso". É fácil ver que tortuoso não se refere à falta de retidão física. Uma tradução mais precisa desta palavra *aqob* seria "enganoso".

João não foi enviado para aqueles que não conheciam o nome do Senhor. Ele foi enviado para aqueles que tinham uma aliança com Jeová. O povo de Israel tinha se tornado religioso, mas achava que estava tudo bem. Na verdade, Deus via os israelitas como ovelhas perdidas. Os milhares que frequentavam fielmente a sinagoga continuavam inconscientes da verdadeira condição de seu coração. Eles estavam enganados e achavam que a sua adoração e serviço eram aceitáveis a Deus.

João expôs esse engano ao arrancar a mortalha que o cobria. Ele sacudiu o fundamento instável sobre o qual eles se justificavam como filhos de Abraão. Ele trouxe à luz o erro das doutrinas dos anciãos e expôs as suas orações, que não passavam de fórmulas destituídas de paixão e de poder. Ele mostrou a inutilidade de se pagar dízimos enquanto se negligenciava e até se roubava dos pobres. Ele apontou o vazio de seus hábitos religiosos destituídos de vida e revelou claramente que seus corações endurecidos estavam distantes de Deus.

João veio pregar um batismo de arrependimento (Mc 1:4). A palavra grega para "batismo" é *baptisma*, e é definida como "imersão". De acordo com o Dicionário Webster, imersão significa "mergulhar". Assim, a mensagem de João não era um arrependimento parcial, mas uma mudança radical e completa do coração.

As confrontações corajosas de João destruíram a falsa segurança que os israelitas haviam encontrado nos seus enganos firmemente arraigados. Sua mensagem era um chamado aos homens para que voltassem o seu coração novamente para Deus; sua missão divina nivelava o solo dos corações que o recebiam. As montanhas eminentes do orgulho e os outeiros elevados da religião foram aplanados, preparando o povo para receber o ministério de Jesus.

O Mestre Construtor

Quando o trabalho de João foi concluído, Jesus veio para preparar o templo no nível reto da humildade até que o processo de construção estivesse completo. Jesus estabeleceu o fundamento e construiu: "Porque ninguém pode lançar outro fundamento, além do que foi posto, o qual é Jesus Cristo" (1 Co 3:11).

Mais uma vez, a Palavra de Deus trouxe ordem divina. Desta vez, porém, Sua Palavra foi revelada como a Palavra de Deus encarnada! Jesus é o Mestre Construtor (Hb 3:1-4), não apenas por Seus ensinamentos, mas também na vida que viveu. De todas as maneiras, Ele demonstrou à humanidade o caminho aceitável do Senhor.

Aqueles que receberam o ministério de João também estavam prontos para receber a obra de seu Mestre Construtor. Inversamente, os que rejeitaram João estavam despreparados para receber as palavras de Jesus, pois o solo de seus corações era instável e irregular. Não havia nenhum fundamento preparado. Eles eram como terrenos de construção incapazes de suportar um santuário.

Jesus se dirigiu aos orgulhosos religiosos que resistiram a Ele: "Porque João veio a vós outros no caminho da justiça, e não acreditastes nele; ao passo que publicanos e meretrizes creram. Vós, porém, mesmo vendo isto, não vos arrependestes, afinal, para acreditardes nele" (Mt 21:32). Foram os pecadores daquela época que receberam a mensagem de João e que por sua vez abriram o coração para Jesus. "Aproximavam-se de Jesus todos os publicanos e pecadores para o ouvir" (Lc 15:1). Eles não estavam confortáveis com sua própria religião e sabiam que precisavam de um Salvador.

O Passo Final da Preparação

Quando cumpriu tudo que Seu Pai havia ordenado que fizesse em Seu ministério terreno, Jesus foi enviado à cruz como o Cordeiro do sacrifício pelas mãos de Caifás, o sumo sacerdote em exercício. Este foi o último e crucial passo da preparação do templo do coração do homem. O sacrifício de Jesus eliminou a natureza pecaminosa que separava o homem da presença de Deus desde a queda de Adão.

Vimos a oferta do Cordeiro do sacrifício representada na construção do tabernáculo e na dedicação do templo. Quando o tabernáculo foi levantado, Arão, como sumo sacerdote, fez ofertas ao Senhor. Uma das ofertas foi um cordeiro sem defeito. Uma vez feito isso, "Então entraram Moisés e Arão na tenda da congregação; e saindo, abençoaram o povo; e a glória do Senhor apareceu a todo o povo" (Lv 9:23). Isso foi logo após Nadabe e Abiú terem sido julgados e mortos.

O Sacrifício do Cordeiro de Deus é representado na dedicação do templo de Salomão.

> Então o rei e todo o povo ofereceram sacrifícios diante do Senhor. Ofereceu o rei Salomão em sacrifício vinte e dois mil bois e cento e vinte mil ovelhas. Assim, o rei e todo o povo consagraram a Casa de Deus.
>
> - 2 CRÔNICAS 7:4-6

Foi neste mesmo dia que a glória do Senhor foi revelada no templo.

O escritor de Hebreus compara o sacrifício de Cristo ao oferecido no tabernáculo e no templo, dizendo:

> Não por meio de sangue de bodes e de bezerros, mas pelo seu próprio sangue, entrou no Santo dos Santos, uma vez por todas, tendo obtido eterna redenção.
>
> - HEBREUS 9:12

Jesus, o Cordeiro de Deus, pendurado na cruz, derramando cada gota de Seu sangue inocente e real por nós. Quando isso aconteceu, o véu do templo foi rasgado de alto a baixo (Lc 23:45). Deus se mudou! A glória de Deus nunca mais seria revelada em um edifício feito por mãos humanas. Em breve a Sua glória seria revelada no templo onde Ele sempre havia ansiado habitar.

Um Coração e Um Propósito

Agora, leia o que aconteceu pouco depois da ressurreição de Jesus:

> E, cumprindo-se o dia de Pentecostes, estavam todos concordemente no mesmo lugar; e de repente, veio do céu um som, como de um vento veemente e impetuoso, e encheu toda a casa em que estavam assentados. E foram vistas por eles línguas repartidas, como que de fogo, as quais pousaram sobre cada um deles.
>
> - ATOS 2:1-3, ARC Fiel

Mais uma vez a glória do Senhor é manifesta. Observe: "estavam todos concordemente..." *Ordem divina*. Como fazer com que cento e vinte pessoas estejam de acordo? A resposta é simples. Eles estavam todos mortos para si mesmos. Eles não tinham programações. Tudo que importava para eles era obedecer às palavras de Jesus.

Sabemos que Jesus ministrou a dezenas de milhares em Seu ministério de três anos e meio. Multidões o seguiam. Depois de Sua crucificação e ressurreição, Ele apareceu a mais de quinhentos seguidores (1 Co 15:6). Mas no dia de Pentecostes, encontramos apenas cento e vinte pessoas na casa onde o Espírito de Deus desceu (At 1:15).

É interessante observar que os números continuavam diminuindo e não aumentando. Onde estavam os milhares depois da crucificação? Por que Ele apareceu apenas a quinhentos? No dia de Pentecostes, onde estavam esses quinhentos? Foi apenas a cento e vinte que a glória de Deus foi revelada.

Depois de Sua ressurreição, Jesus disse ao povo para não sair de Jerusalém, mas esperar a promessa do Pai (At 1:4). Acredito que todos os quinhentos a princípio esperaram pela promessa. Mas à medida que os dias se passaram, o tamanho do grupo foi diminuindo. Impacientes, alguns devem ter decidido: "Temos de seguir em frente com nossas vidas; Ele se foi". Outros podem ter partido para irem adorar a Deus na sinagoga, da maneira tradicional. Outros ainda podem ter citado as palavras de Jesus: "Devemos ir a todo o mundo e pregar o evangelho. É melhor irmos agora e fazer isso!"

Creio que o Senhor esperou até que todos os que restaram tomassem a decisão de dizer dentro de si: *Ainda que apodreçamos, não vamos sair daqui, pois o Mestre disse para esperarmos.* Somente aqueles que eram completamente submissos ao Mestre podiam fazer tal compromisso. Nenhuma pessoa, atividade ou coisa importava tanto quanto a obediência às Suas palavras. Estes eram os que tremiam diante da Sua Palavra (Is 66:2). Eles temiam a Deus!

Os que restaram haviam ouvido atentamente quando Jesus falou à multidão dizendo:

> E qualquer que não tomar a sua cruz e vier após mim não pode ser meu discípulo. Pois qual de vós, pretendendo construir uma torre, não se assenta primeiro para calcular a despesa e verificar se tem os meios para a concluir? Para não suceder que, tendo lançado os alicerces e não a podendo acabar, todos os que a virem zombem dele, dizendo: "Este homem começou a construir e não pôde acabar"...Assim, pois, a todo aquele que dentre vós não renuncia a tudo quanto tem não pode ser meu discípulo.
>
> - LUCAS 14:27 – 29, 33

Jesus deixa claro que para segui-lo, devemos primeiro calcular o custo. Há um preço em seguir Jesus, e Ele o deixa claro: o preço é nada menos do que a nossa própria vida!

Você pode questionar: "Pensei que a salvação fosse uma dádiva gratuita, algo que não se pode conquistar!" Sim, a salvação é um presente que não pode ser comprado ou conquistado. Entretanto, não podemos retê-la se não dermos toda a nossa vida em troca por ela! Até um presente precisa ser protegido para não se perder ou não ser roubado.

Jesus exorta: "Aquele, porém, que perseverar até o fim, esse será salvo" (Mt 10:22). A força para suportar está em dar livremente a sua vida.

O verdadeiro crente, o discípulo, entrega a sua vida completamente ao Mestre. Discípulos ficam firmes até o fim. Convertidos e observadores podem querer os benefícios e as bênçãos, mas lhes falta a perseverança para permanecer até o fim. Ao final eles desmaiarão. Jesus deu a Grande Comissão dizendo: "ide e fazei discípulos de todas as nações..." (Mt 28:19). Ele nos comissionou a fazer discípulos e não convertidos.

O remanescente que restou no dia de Pentecostes havia deixado de lado os seus sonhos, ambições, objetivos e metas. Isso criou uma atmosfera onde eles podiam ter um mesmo propósito e um mesmo coração.

É a esta unidade que Deus deseja nos levar hoje. Houve diversos movimentos pela unidade em nossas cidades entre alguns líderes e igrejas. Nós nos unimos e buscamos a unidade.

Mas precisamos nos lembrar que somente Deus pode realmente nos tornar um. A não ser que tenhamos colocado tudo o mais de lado, por fim as metas que estavam escondidas acabarão vindo à tona. Quando há motivos ocultos, os relacionamentos se desenvolvem em um nível superficial. O resultado é raso e improdutivo. Podemos ter unidade de propósitos sem obedecer ao coração do nosso Mestre. Então a nossa produtividade é vã. Pois, "Se o Senhor não edificar a casa, em vão trabalham os que a edificam" (Sl 127:1). Deus ainda está procurando aqueles que tremem diante da Sua Palavra. É ai que se encontra a verdadeira unidade.

A Glória do Senhor Revelada

Os que estavam reunidos no dia de Pentecostes tinham verdadeira unidade. Eles eram um em seu propósito com o Mestre. Os corações deles estavam em ordem. A preparação do ministério de João havia se combinado com o ministério de Jesus, e o resultado foi ordem divina. A ordem divina foi alcançada no coração dos homens. De acordo com o padrão de Deus, depois da ordem divina vinha a glória de Deus revelada.

> E de repente veio do céu um som, como de um vento veemente e impetuoso, e encheu toda a casa em que estavam assentados. E foram vistas por eles línguas repartidas, como que de fogo, as quais pousaram sobre cada um deles.
>
> - ATOS 2:2-3

Uma medida da glória de Deus manifestou-se naqueles cento e vinte homens e mulheres. Observe que línguas como que de fogo pousaram sobre cada um deles. Esqueça as imagens que você viu nos seus livros de Escola Dominical – as pequenas chamas de fogo flutuando sobre a cabeça daqueles discípulos. Todos os presentes foram batizados ou imersos no fogo da Sua gloriosa presença (Mt 3:11).

Naturalmente, esta não era a glória de Deus completa e revelada, pois nenhum homem viu nem pode suportar a glória plena de Deus revelada (1 Tm 6:16). Mas esta manifestação foi forte o bastante para atrair a atenção de multidões de judeus devotos e tementes a Deus que residiam em Jerusalém vindos de todos os países debaixo do céu (At 2:6-7).

Como resposta a isso, Pedro levantou-se e pregou o evangelho a eles. Naquele dia, três mil foram salvos e acrescentados à igreja. Não foi um culto programado, nem havia sido feito nenhum anúncio. Como resultado:

> Em cada alma havia temor; e muitos prodígios e sinais eram feitos por intermédio dos apóstolos.
>
> - ATOS 2:43

Deus havia revelado uma porção da Sua glória, e o povo estava maravilhado com a Sua presença e poder. Ele continuou a operar de forma poderosa. Diariamente havia testemunhos dos tremendos milagres e libertações.

Não havia como negar a poderosa mão de Deus operando. Grandes grupos de homens e mulheres recebiam o Senhor. Os que haviam entregado suas vidas a Jesus anteriormente receberam o refrigério da presença do Seu Espírito.

Mas como já vimos, se Deus revelar a Sua glória e as pessoas voltarem à falta de temor, certamente haverá um julgamento. Na verdade, quanto maior a glória, maior e mais rápido será o julgamento. O próximo capítulo examinará em detalhes o trágico evento que ocorreu logo após a revelação da glória de Deus.

Se desejarmos o louvor dos homens, temeremos o homem. Se temermos o homem, serviremos ao homem — porque servimos àquilo que tememos.

SETE

UMA OFERTA SEM REVERÊNCIA

Segundo é santo aquele que vos chamou, tornai-vos santos também vós mesmos em todo o vosso procedimento, porque está escrito: "Sede santos, porque eu sou Santo".

– 1 PEDRO 1:15-16

O tempo passou depois do Dia de Pentecostes. A igreja havia se beneficiado com a presença de Deus e com o Seu poder. Multidões foram salvas; outros foram curados e libertos. Ninguém tinha falta de nada, pois todos compartilhavam o que tinham. Aqueles que tinham bens os vendiam e traziam o produto aos apóstolos para distribuição entre os necessitados.

A Oferta de um Estrangeiro

José, a quem os apóstolos deram o sobrenome de Barnabé, que quer dizer filho de exortação, levita, natural de Chipre, como tivesse um campo, vendendo-o, trouxe o preço e o depositou aos pés dos apóstolos.

- ATOS 4:36-37

Chipre era uma ilha abundantemente abençoada com recursos naturais, famosa por suas flores e frutos. O vinho e o óleo eram produzidos ali em abundância. Havia uma variedade de pedras preciosas. Mas a sua principal fonte de riqueza estava em suas minas e florestas. Havia muitas minas de prata, cobre e ferro. Era um país que transbordava de riquezas naturais. Se você possuísse uma terra em Chipre, provavelmente seria rico.

Imagine isto: um levita rico chamado Barnabé, de outra terra, traz todo o valor que recebeu pela venda de sua terra, que era provavelmente uma soma muito grande, e o coloca à disposição dos apóstolos. Agora leia com atenção o versículo seguinte:

Entretanto, certo, homem, chamado Ananias, com sua mulher Safira, vendeu uma propriedade.

- ATOS 5:1

Observe a primeira palavra desta frase: "Entretanto". Na Bíblia, nenhum pensamento novo é introduzido com a palavra *entretanto*. Lembre-se de que os tradutores foram as pessoas que separaram cada livro da Bíblia por capítulo e versículo. Originalmente o Livro de Atos era apenas uma grande carta escrita por um médico chamado Lucas.

Através do uso da palavra *entretanto*, fica óbvio que o que havia acabado de acontecer no quarto capítulo de Atos está ligado ao relato de Ananias e Safira no capítulo cinco. Na verdade, serei ousado o bastante para dizer que não podemos entender completamente o que está para acontecer sem levar em consideração o que havia acontecido anteriormente. Isso explicaria a razão da palavra *entretanto* no começo da frase.

Vamos analisar juntos a passagem. Um recém-chegado que é muito rico entra para a igreja e traz uma oferta muito grande, fruto de uma terra que vendeu. A oferta desse homem faz com que Ananias e Safira reajam vendendo algo que possuem. Examine os próximos versículos com atenção:

> Mas, em acordo com sua mulher, reteve parte do preço e, levando o restante, depositou-o aos pés dos apóstolos. Então, disse Pedro: Ananias, por que encheu Satanás teu coração para que mentisses ao Espírito Santo, reservando parte do valor do campo? Conservando-o, porventura, não seria teu? E, vendido, não estaria em teu poder? Como, pois, assentaste no coração este desígnio? Não mentiste aos homens, mas a Deus.
>
> - ATOS 5:2-4

Até este ponto, é possível que Ananias e sua mulher provavelmente tivessem a reputação de serem os maiores contribuintes da igreja. Eles provavelmente recebiam muita atenção das pessoas por sua generosidade. Vendo a reação deles, estou certo de que eles apreciavam muito esta posição de respeito e o reconhecimento que recebiam por seu ministério de contribuir.

Mas agora eles haviam sido superados. A atenção havia mudado para aquele novo homem, o levita de Chipre. Todos estavam enaltecendo as virtudes desse homem generoso. O povo conversava entre si longamente sobre como aquela grande oferta ajudaria tantas pessoas necessitadas. Era o assunto da igreja. A luz da atenção havia sido desviada de Ananias e Safira, criando um vácuo com o qual eles não conseguiam lidar.

Eles reagiram vendendo imediatamente um pedaço de terra. Ele também era valioso, e eles receberam uma grande quantia em dinheiro. Provavelmente aquele era o bem de maior valor que possuíam. Juntos, eles devem ter concluído: "Isso é dinheiro demais para abrirmos mão dele. Não podemos dar tudo. Mas queremos que *pareça* que estamos dando tudo. Então, vamos dar somente parte dele e dizer que é tudo que recebemos".

Juntos, entraram em um acordo para reter uma parte do lucro. Mas ainda queriam que parecesse que haviam dado o valor total. O engano foi o pecado deles. Não estava errado guardar uma parte do produto da venda. O dinheiro era deles para fazerem o que desejassem. Mas estava errado dizer que haviam dado tudo o que receberam, quando na verdade era uma mentira. Eles queriam o louvor dos homens mais do que a verdade e a integridade. A reputação era importante para eles. Eles devem ter se consolado dizendo: "Que mal pode haver? Estamos dando e suprindo a necessidade dos menos afortunados. É isso que importa".

Se desejarmos o louvor dos homens, temeremos o homem. Se temermos o homem, serviremos ao homem – porque servimos àquilo que tememos. Ananias e Safira temiam os homens mais do que temiam a Deus. Isso fez com que eles não calculassem os seus atos e se apresentassem diante da presença de Deus sem o santo temor. Se eles tivessem temor de Deus, jamais teriam mentido na Sua presença.

> Ouvindo estas palavras, Ananias caiu e expirou, sobrevindo grande temor a todos os ouvintes. Levantando-se os moços, cobriram-lhe o corpo e, levando-o, o sepultaram.
>
> - ATOS 5:5-6

Esse homem levou uma oferta para os necessitados e acabou caindo morto! Houve um julgamento imediato. Um grande temor caiu sobre todos os que testemunharam ou ouviram falar daquilo. Continue lendo:

> Quase três horas depois, entrou a mulher de Ananias, não sabendo o que ocorrera. Então, Pedro, dirigindo-se a ela, perguntou-lhe: "Dize-me, vendestes por tanto aquela terra?" Ela respondeu: "Sim, por tanto". Tornou-lhe Pedro: "Por que entrastes em acordo para tentar o Espírito do Senhor? Eis aí à porta os pés

> dos que sepultaram o teu marido, e eles também te levarão". No mesmo instante, caiu ela aos pés de Pedro, e expirou. Entrando os moços, acharam-na morta e, levando-a, sepultaram-na junto do marido. E sobreveio grande temor a toda a igreja e a todos quantos ouviram a notícia destes acontecimentos.
>
> - ATOS 5:7-11

É bem possível que Ananias e sua mulher tenham sido alguns dos primeiros a receberam a salvação pela graça. Eles podem ter sido os maiores contribuintes da igreja. Eles podem ter sacrificado sua posição social e sua segurança financeira para servir a Deus. Mas os sacrifícios de nada valem quando não são acompanhados por corações que amam e temem ao Senhor.

Observe o último versículo da passagem: "E sobreveio grande temor a toda a igreja". Lembre-se da advertência de Deus a Arão quando seus dois filhos morreram na presença de Deus ao apresentarem suas ofertas sem reverência.

> Mostrarei a minha santidade naqueles que se cheguem a mim, e serei glorificado diante de todo o povo.
>
> - LEVÍTICO 10:3

Ao longo dos séculos, Deus não havia mudado. A Sua Palavra e o Seu nível de santidade não variaram. A Sua Palavra não havia vacilado desde sua liberação há cerca de dois mil anos. Deus era, e é, e sempre será o grande Rei, e deve ser reverenciado como tal. Não podemos tratar levianamente o que Ele chama de santo.

A Bíblia não diz que grande temor sobreveio à *cidade*, mas sim que um grande temor sobreveio à *igreja*. A igreja estava desfrutando da presença do Senhor e de todos os Seus benefícios. Quando o povo foi cheio do Espírito Santo, eles agiram como bêbados. Estou certo de que alguns riram de alegria e da maravilha de tudo aquilo enquanto todos falavam em línguas. Por que outro motivo as pessoas teriam se confundido e pensando que eles estavam embriagados às nove da manhã (At 2:15)?

Talvez, com o passar do tempo, as pessoas tenham se acostumado demais com a presença de Deus. Ela havia se tornado comum para alguns deles. Talvez eles se lembrassem do quanto Jesus havia sido acessível e agora tivessem decidido que o relacionamento deles com o Espírito Santo seria semelhante. Embora Jesus seja o Filho e a imagem expressa de Deus feito carne, não podemos nos esquecer que Ele veio como Filho do homem, e como mediador, porque o homem *não podia* se aproximar da santidade de Deus.

Embora eles sejam um, há uma diferença entre Deus Pai, Deus Filho e Deus Espírito Santo. Até Jesus disse que os homens podiam falar contra Ele e que isso lhes seria perdoado, mas não contra o Espírito Santo. Jesus estava dizendo a eles antecipadamente que uma ordem divina e santa estava para ser restaurada. Antes da vinda do Filho, o povo havia sentido medo ou pavor de Deus sem temê-lo. Agora o homem havia sido restaurado a Deus, e a ordem divina tinha de ser restabelecida.

A igreja desperta para a santidade de Deus quando Ananias e Safira caem mortos aos pés de Pedro. Alguns devem ter dito consigo mesmos: *Talvez devamos repensar algumas coisas.* Outros podem ter pensado: *Aquele poderia facilmente ter sido eu.* O conceito que outros tinham a respeito de Deus foi abalado! *Acho que eu não o conheço tão bem quanto pensei que conhecesse. Não poderia imaginar que Ele executasse um julgamento tão rápido e severo.* Mas todos exclamaram maravilhados e impressionados: "Ele é Santo e Onisciente!" Grande temor sobreveio a toda a igreja enquanto eles sondavam seus corações, impressionados com este Deus de maravilha e poder. Tão amoroso e ao mesmo tempo tão santo. Ninguém deixou de ser afetado por este acontecimento assustador.

Conduzi-vos No Temor do Senhor

Pedro, que tanto andou com Jesus como testemunhou este julgamento, mais tarde escreveu por inspiração esta advertência sincera:

> Segundo é santo aquele que vos chamou, tornai-vos santos também vós mesmos em todo o vosso procedimento, porque escrito está: "Sede santos, porque eu sou santo". Ora, se invocais como Pai aquele que, sem acepção de pessoas, julga segundo as obras de cada um, portai-vos com temor durante o tempo da vossa peregrinação.
>
> - 1 PEDRO 1:15-17

Observe que ele não diz: "portai-vos com amor". Sim, devemos andar em amor, pois sem ele nada temos! Separados do Seu amor, não podemos sequer conhecer o coração do Pai. Anteriormente, nesta mesma epístola, Pedro comenta sobre o amor que deve arder em nossos corações pelo Senhor: "a quem, não havendo visto, amais" (v. 8). Fomos chamados para ter um relacionamento pessoal de amor com o nosso Pai, mas Pedro rapidamente acrescenta o equilíbrio do temor do Senhor. O nosso amor por Deus é limitado por uma falta de santo temor. Nossos corações devem conter a luz e o calor destas duas chamas.

Você pode se perguntar como este amor poderia ser limitado. Você só pode amar alguém até o ponto em que o conhece. Se a sua imagem de Deus é deficiente quanto a quem Ele é, então você só tem um conhecimento superficial daquele a quem você ama. O verdadeiro amor está fundamentado na verdade de quem Deus realmente é. Você acha que Ele revela o Seu coração àqueles que o consideram levianamente? *Você faria isso?* Na verdade, Deus escolheu ocultar-se (Is 45:15). O salmista se refere ao lugar do Seu esconderijo como o "lugar secreto" (Sl 91:1).

É no secreto que descobrimos a Sua santidade e a Sua grandeza. Mas somente aqueles que O temem encontrarão este refúgio secreto. Pois nos é dito:

> A intimidade do Senhor é para os que o temem, aos quais ele dará a conhecer a sua aliança.
>
> - SALMO 25:14

Agora você pode entender mais plenamente as palavras de Pedro. Paulo, que não andou com Jesus na terra, mas o encontrou na estrada para Damasco, fortaleceu esta exortação acrescentando a palavra *tremor*. Ele diz aos crentes: "Desenvolvei a vossa salvação com temor e tremor" (Fp 2:12). Na verdade, esta expressão é usada três vezes no Novo Testamento para descrever o relacionamento adequado entre o crente e Cristo.

Paulo conheceu Jesus por revelação do Espírito. Esta é a mesma forma como nós o conhecemos. "Se antes conhecemos Cristo segundo a carne, já agora não o conhecemos deste modo" (2 Co 5:16). Se procurarmos ter acesso ao conhecimento de Deus e andarmos com Ele como andamos como homens naturais e corruptíveis, acabaremos considerando a Sua presença como coisa comum, como alguns fizeram na igreja primitiva.

Estou certo de que Ananias e Safira faziam parte daqueles que estavam entusiasmados e atônitos na igreja primitiva de Atos. Todos estavam impressionados com os sinais e maravilhas abundantes. Mas até os sinais e maravilhas se tornarão coisa comum quando houver falta do temor de Deus em nosso coração. O temor de Deus teria impedido a loucura desse infeliz casal (Ver Salmo 34:11-13). O temor teria revelado a santidade de Deus.

Precisamos nos lembrar destes atributos imutáveis: "Deus é amor" e "Deus é fogo consumidor" (1 Jo 4:8; Hb 12:29). Paulo se refere ao fogo a ser experimentado pelos crentes quando eles comparecerem perante um Deus santo no trono do julgamento. Ali prestaremos contas das nossas obras feitas no corpo de Cristo, tanto boas quanto más (2 Co 5:10). Paulo então adverte: "E assim, conhecendo o temor do Senhor, persuadimos os homens" (2 Co 5:11).

Por causa do amor de Deus, podemos ter confiança quando nos aproximamos Dele. A Bíblia acrescenta que devemos servi-lo e nos aproximar Dele de forma aceitável. Como? Com reverência e santo temor (Hb 12:28).

Os que nasceram de novo conhecem Deus como Abba Pai. Mas isso não invalida a Sua posição como Juiz de toda carne (Gl 4:6-7; Hb 12:23). Deus deixa claro: "O Senhor julgará o Seu povo" (Hb 10:30).

Imagine um rei terreno com filhos e filhas. No palácio, ele é marido e pai. Mas na sala do trono, ele é rei e deve ser reverenciado como tal até por sua esposa e filhos. Sim, há momentos em que sinto o Pai me chamar do Seu aposento particular, com os braços estendidos, convidando-me "venha, pule no meu colo, vamos nos abraçar e conversar". Gosto muito desses momentos. Eles são muito especiais. Mas há momentos em que estou orando ou participando de um culto e temo e tremo na Sua santa presença.

Houve um culto assim em agosto de 1995, na conclusão de uma semana de reuniões em Kuala Lumpur, na Malásia. A atmosfera estivera muito difícil, mas naquele dia senti que finalmente havia ocorrido uma reviravolta na situação. A presença do Senhor encheu o prédio e várias pessoas riam enquanto a Sua alegria fluía. Isso continuou por dez a quinze minutos; depois houve uma pausa seguida por outra onda da presença de Deus. Mais pessoas foram tocadas. Mais uma vez, houve uma trégua; depois, outra onda da presença de Deus varreu o lugar com uma alegria que encheu o santuário até que praticamente todos receberam refrigério e riam. Então houve outra pausa.

Foi então que ouvi o Senhor dizer: "Estou vindo em uma última onda, mas será muito diferente das outras". Continuei em silêncio e esperei. Dentro de minutos, uma manifestação muito diferente da presença de Deus tomou conta do local. Foi tremendo e quase assustador. Porém, fui atraído para ela. A atmosfera ficou carregada. As mesmas pessoas que estiveram rindo apenas alguns instantes antes começaram a chorar, a gemer e a soluçar. Algumas até gritavam, como se estivessem ardendo em chamas. Porém esses não eram os gritos atormentados da atividade demoníaca.

À medida que eu atravessava a plataforma, este pensamento passou por minha mente: *John, não faça nenhum movimento errado nem diga nenhuma palavra errada... se você o fizer, é um homem morto.* Não estou certo de que isso aconteceria, mas este pensamento transmite a intensidade que eu sentia. Eu sabia que a irreverência não podia existir naquela magnífica presença. Testemunhei duas respostas diferentes naquele dia – ou o povo tinha medo e se retirava da Sua presença, ou eles temiam a Deus e se aproximavam da Sua tremenda presença. Este definitivamente não era um daqueles momentos em que Deus sussurrava: "Venha, pule em meu colo!"

Saímos da reunião envolvidos pelo temor. Muitos se sentiam completamente transformados pela tremenda presença de Deus. Um homem que havia sido poderosamente tocado por Sua presença me disse depois: "Sinto-me tão limpo por dentro!" Concordei, pois eu me sentia purificado também. Mais tarde, encontrei este versículo: "O temor do Senhor é límpido, e permanece para sempre" (Sl 19:9).

O Temor do Senhor Permanece

O temor do Senhor realmente permanece para sempre! Se Lúcifer tivesse temor, ele jamais teria caído do céu como um raio (Is 14:12-15; Lc 10:18). Lúcifer era o querubim ungido no monte santo de Deus e andava na presença do Senhor (Ez 28:14-17). Mas Lúcifer foi o primeiro a exibir a falta de temor de Deus.

Ouça-me, povo de Deus: Você pode ter o óleo santo da unção sobre você, como Nadabe e Abiú tinham. Você pode operar em sinais e maravilhas, expulsar demônios, e curar os enfermos no Seu poderoso nome, mas não ter o temor do Senhor! Sem ele, o seu fim não será diferente do fim de Nadabe e Abiú, ou do fim de Ananias e Safira. Porque é o temor do Senhor que faz com que você permaneça diante da presença do Senhor para sempre!

Adão e Eva andavam na presença do Senhor. Eles amavam e se beneficiavam com a Sua bondade. Eles nunca haviam se escandalizado com nenhuma autoridade. Eles viviam em um ambiente perfeito. Mas desobedeceram e caíram, sofrendo um grande julgamento. Eles jamais teriam caído se possuíssem o temor do Senhor.

O temor do Senhor realmente permanece para sempre! Se Ananias e Safira temessem a Deus eles não teriam se portado de forma tão insensata, pois "pelo temor do Senhor os homens evitam o mal" (Pv 16:6).

Alguns podem questionar: "O meu amor por Deus não me impede de pecar?" Sim, mas qual é a extensão desse amor quando não se tem o temor do Senhor? Quando visitei Jim Bakker na prisão, ele compartilhou comigo como o calor da prisão fez com que ele passasse por uma transformação completa em seu coração. Ele teve uma experiência com Jesus como Mestre pela primeira vez. Ele compartilhou como havia perdido sua família, seu ministério, tudo que possuía, e como depois encontrou Jesus.

Lembro-me claramente de suas palavras: "John, esta prisão não é o julgamento de Deus sobre minha vida, mas a Sua misericórdia. Creio que se eu tivesse continuado no caminho em que estava, eu teria terminado no inferno!"

Então Jim Bakker compartilhou esta advertência para todos nós: "John, eu sempre amei Jesus, mas Ele não era meu Senhor, e há milhões de americanos como eu!" Jim amava a imagem de Jesus que havia sido revelada a ele. O Seu amor havia sido imaturo, pois lhe faltava o temor do Senhor. Hoje, Jim Bakker é um homem que teme a Deus. Quando perguntei a ele o que faria quando saísse da prisão, ele rapidamente respondeu: "Se eu voltar a ser como era, serei julgado!"

Ninguém Ousava Juntar-se a Eles

O que aconteceu com Ananias e Safira abalou a igreja. Aquilo trouxe à tona as motivações do coração para serem examinadas. Aqueles que se viram na falta de reverência de Ananias e Safira rasgaram seus corações em arrependimento. Outros calcularam o custo mais seriamente antes de se unirem à assembleia de crentes em Jerusalém. Alguns podem ter ido embora temendo o julgamento de Deus.

Grande temor sobreveio à igreja, mas ele também impressionou a todos que ouviram falar sobre o que havia acontecido àquele casal. Estou certo de que aquilo foi notícia por algum tempo na cidade. As pessoas se perguntavam: "Você ouviu o que aconteceu com aqueles seguidores de Jesus? Um casal levou uma oferta para os necessitados e ambos caíram mortos!" A Bíblia relata:

> Mas, dos restantes, ninguém ousava ajuntar-se a eles; porém o povo lhes tributava grande admiração. E crescia mais e mais a multidão de crentes, tanto homens como mulheres, agregados ao Senhor.
>
> - ATOS 5:13-14

Pode parecer uma contradição: ninguém ousava juntar-se a eles, porém o versículo seguinte declara que os crentes cresciam cada vez mais. Como podem os crentes crescer quando ninguém quer se juntar a eles? O que na verdade está sendo dito aqui? Acredito que ninguém ousava se juntar a eles para seguir a Jesus até ter calculado o custo. Não havia mais adesões por motivos egocêntricos. Agora as pessoas vinham ao Senhor por causa de quem Ele era, e não por causa do que Ele podia fazer.

É fácil desenvolver rapidamente uma atitude de irreverência quando vamos ao Senhor pelo que Ele pode fazer por nós ou nos dar. É um relacionamento baseado em bênçãos e acontecimentos. Quando as coisas não acontecem do nosso jeito – e isso inevitavelmente acontecerá – ficamos decepcionados, e, como filhos mimados, o nosso respeito se vai. Quando a irreverência é julgada, todos fazem uma avaliação de suas vidas e as motivações erradas são purificadas pela luz do julgamento. Esta é a atmosfera para corações sinceros de arrependimento cheios do temor de Deus.

Por que Eles?

Por que Ananias e Safira morreram? Conheço pessoas que mentiram para pregadores, e elas não foram julgadas tão severamente. De fato, houve muitos atos mais irreverentes do que o de Ananias e Safira na história da igreja e até na igreja atual. Ninguém mais cai morto nos cultos. Todo esse acontecimento parece impossível hoje em dia.

A resposta encontra-se oculta nos versículos imediatamente posteriores ao relato:

> ... a ponto de levarem os enfermos até pelas ruas e os colocarem sobre leitos e macas, para que, ao passar Pedro, ao menos a sua sombra se projetasse nalguns deles.
>
> – ATOS 5:15

Observe que eles deitavam os enfermos nas ruas! Não na rua, mas nas ruas – esperando que a sombra de Pedro passasse por ali para que os enfermos pudessem ser curados. Agora, entendo que o que vou dizer está sujeito a argumentações, mas creio que esta interpretação não estava limitada apenas à sombra física de Pedro. Uma sombra não tem poder de curar enfermos. Creio que era a nuvem de Deus. A presença do Senhor era tão forte em Pedro que uma nuvem cobria a própria sombra de Pedro. Do mesmo modo, quando Moisés desceu do monte de Deus, a glória de Deus estava brilhando em seu rosto de modo que a sua própria imagem era coberta por ela. Será que o próprio Deus havia coberto Pedro em uma nuvem de sombra para esconder a Sua glória? Em Atos 5:15, tudo que Pedro tinha de fazer era ficar dentro do alcance da sombra dos enfermos, e multidões nas ruas eram curadas.

Sabemos que uma presença muito palpável da glória de Deus repousava sobre Pedro quando Ananias e Safira mentiram a Pedro pela primeira vez e caíram mortos. Na essência, Ananias e Safira caíram mortos porque foram irreverentes na presença do Senhor cuja glória já havia sido revelada. Assim como com Adão, Nadabe, Abiú, e os filhos de Israel, mais uma vez vemos o padrão de ordem, glória e julgamento.

Nos capítulos seguintes aplicaremos este padrão à nossa igreja dos dias atuais. À medida que mergulharmos mais fundo, veremos porque o *amor de Deus* precisa estar conjugado ao *temor de Deus*.

*Quanto maior for a glória
de Deus revelada, maior e mais rápido
será o julgamento por causa da irreverência!*

OITO

JULGAMENTO ADIADO

Porque todos compareceremos perante Cristo para sermos julgados. Cada um de nós receberá o que quer que mereçamos pelo bem ou mal que tivermos feito em nossos corpos.

— 2 CORÍNTIOS 5: 10, NLT

Enquanto escrevo, estamos nos aproximando de completar-se dois mil anos desde a ressurreição do nosso Senhor Jesus. Vivemos no limiar das semanas, dias e instantes finais que antecedem Sua volta. Jesus disse que nós conheceríamos a época, mas não o dia ou a hora (Ver Mateus 24:32-36).

Estamos vivendo nessa época.

As Primeiras e as Últimas Chuvas

As escrituras proféticas previram como Deus revelaria a Sua glória de forma poderosa no princípio da era da igreja e novamente no término da era da igreja, imediatamente antes da sua Segunda Vinda. Tiago descreveu isto:

> Sede, pois, irmãos, pacientes, até à vinda do Senhor. Eis que o lavrador aguarda com paciência o precioso fruto da terra, até receber as primeiras e as últimas chuvas.
>
> - TIAGO 5:7

Observe que Tiago se refere a primeiras e últimas chuvas. Em Israel, as primeiras chuvas caíam e umedeciam o solo seco no início da estação de plantio. O solo amaciado pela chuva podia receber o grão, que podia criar raízes com firmeza. As últimas chuvas vinham logo antes da colheita e eram mais apreciadas porque amadureciam e prosperavam os frutos.

Tiago usou a chuva física como uma comparação para explicar o derramamento da glória de Deus. As primeiras chuvas caíram no dia de Pentecostes, como Pedro confirmou:

> Mas o que ocorre é o que foi dito por intermédio do profeta Joel: "E acontecerá nos últimos dias, diz o Senhor, que derramarei do meu Espírito sobre toda a carne; vossos filhos e vossas filhas profetizarão, vossos jovens terão visões, e sonharão vossos velhos; e até sobre os meus servos e sobre as minhas servas derramarei do meu Espírito naqueles dias, e profetizarão. Mostrarei prodígios em cima no céu e sinais embaixo na terra; sangue, fogo e vapor de fumaça. O sol se converterá em trevas, e a lua, em sangue, antes que venha o grande e glorioso Dia do Senhor.
>
> - ATOS 2:16-20

Pedro usou o termo "derramar". A terminologia para chuva pesada é "aguaceiro". Pedro poderia ter dito "fazer cair", mas ele estava usando termos que se adaptassem à liberação de água da chuva. Quem melhor do que Pedro para descrever o derramar da glória de Deus experimentada no dia de Pentecostes? Mas esta descrição não se limita ao que ele havia acabado de experimentar, pois com o mesmo fôlego ele descreveu o derramamento da glória de Deus antes do grande e terrível dia do Senhor. O grande e terrível dia do Senhor não se referia ao período em que Pedro vivia, mas à Segunda Vinda de Cristo.

O Espírito de Deus fez através de Pedro o que Ele havia feito tantas vezes antes: ligou dois períodos distintos através da mesma mensagem profética das Escrituras. Sim, um grande derramamento do Espírito de Deus começou no Dia de Pentecostes. Tiago o chamou de primeiras chuvas. A glória de Deus se manifestava e se espalhava por onde quer que o Senhor enviasse os seus discípulos com o evangelho. Nenhuma parte conhecida do mundo deixou de ser afetada.

No entanto, este grande derramamento não aumentou em força propulsora. Ele foi declinando gradualmente. Ele diminuiu à medida que os homens foram perdendo sua paixão pela presença e pela glória de Deus. Em lugar do amor e temor que um dia ardeu, vê-se o altar frio e sem vida dos desejos egoístas. Afastados de Deus, muitos passaram a se ocupar com atividades religiosas e doutrinas que mais uma vez obscureciam o propósito para o qual Deus nos criou – para andarmos com Ele.

Um Tempo de Egoísmo, Até Mesmo na Liderança

Este tempo de aumento e declínio da presença e da glória de Deus poderia ser comparado ao período entre a liderança de Moisés e a do Rei Davi. Nos dias de Moisés, os filhos de Israel perambularam pelo deserto por anos sob a glória manifesta de Deus. Os irreverentes foram julgados e encontraram a morte no deserto.

Mas a geração mais jovem temia o Senhor e o seguia de todo coração. Eles prosseguiram para possuir a Terra Prometida sob a liderança de Josué. Entretanto, "foi também congregada a seus pais toda aquela geração; e outra geração após ela se levantou, que não conhecia o Senhor, nem tampouco as obras que fizera a Israel" (Jz 2:10).

A desobediência desta nova geração os levou de volta ao cativeiro e às provações. Periodicamente Deus levantava um homem ou mulher como juiz para conduzi-los. Através desses líderes irromperam explosões de avivamento e restauração para o Seu povo. Embora esses fortes líderes tenham sido levantados por Deus para liderar, a condição geral de Israel continuava a piorar. Israel reagia aos seus juízes, e não a Deus, por isso vemos que "Falecendo o juiz, reincidiam e se tornavam piores" (v. 19).

A cada geração que passava, o coração do povo escolhido de Deus se esfriava mais e mais, até que atingiram o fundo do poço. Este era o estado em que se encontravam quando Eli era sacerdote e juiz. Depois de governar Israel por quarenta anos, o coração de Eli estava entorpecido e sua visão havia se perdido quase que totalmente.

Sob a autoridade de Eli, atuando como sacerdotes e líderes, estavam seus dois filhos, Hofni e Finéias. A corrupção deles excedia a de seu pai. Esta família de líderes era tão ofensiva a Deus que Ele declarou: "Jurei à casa de Eli que nunca lhe será expiada a iniquidade, nem com sacrifício, nem com oferta de manjares" (1 Sm 3:14).

Esta liderança ofensiva foi o motivo pelo qual a nação chegou ao fundo do poço. Nos tempos passados, quando a nação se desviava os líderes guiavam o povo de volta para Deus, mas aqueles líderes afastavam o povo para longe dele com o seu persistente abuso de autoridade e perversão de poder.

Os filhos de Eli se envolviam em relações sexuais com as mulheres que se reuniam à porta do tabernáculo. Eles não apenas eram sexualmente imorais, como também usavam a sua posição de liderança para coagir à imoralidade as mulheres que haviam ido buscar o Senhor (1 Sm 2:22). Eles abusavam do poder da posição que Deus lhes havia dado para servir ao Seu povo, e em vez disso o usavam como uma forma de realizar os seus próprios desejos. Os seus atos irritaram grandemente o Senhor. Eli tinha conhecimento da imoralidade e ganância de seus filhos, mas não impediu que eles continuassem pecando nem os retirou de suas posições de liderança.

A segunda violação que cometiam era na área das ofertas. Mais uma vez eles usavam a sua autoridade dada por Deus para satisfazer à sua própria ganância engordando com as ofertas tiradas por meio de manipulação e ameaças.

O Julgamento Adiado

Compare o pecado dos filhos de Eli ao pecado dos filhos de Arão, Nadabe e Abiú (os homens que morreram quando levaram fogo profano à presença do Senhor). É difícil evitar se perguntar por que os filhos de Eli não foram julgados com a morte de forma tão rápida quanto os filhos de Arão. O pecado dos filhos de Eli era um flagrante e total desrespeito por Deus, pelo Seu povo e pelas Suas ofertas. Por que então, eles não foram julgados do mesmo modo – com morte imediata no tabernáculo? A nossa resposta encontra-se no versículo seguinte:

> Naqueles dias, a Palavra do Senhor era mui rara; as visões não eram frequentes. Certo dia, estando deitado no lugar costumado o sacerdote Eli, cujos olhos já começavam a escurecer-se, a ponto de não poder ver, e tendo-se deitado também Samuel, no templo do Senhor, em que estava a arca, antes que a Lâmpada de Deus se apagasse...
>
> - 1 SAMUEL 3:1-3

Observe o seguinte:

- *A Palavra do Senhor era rara.* Deus não estava mais falando como falava com Moisés. Onde a Sua Palavra é rara, a Sua presença também o é.
- *As visões (revelações) não eram frequentes.* É na presença do Senhor que temos revelação (Mt 16:17). Havia um conhecimento limitado dos Seus caminhos devido à falta da Sua presença.

- *Os olhos da liderança estavam tão obscurecidos que não podiam ver.* Em Deuteronômio 34:7 lemos: "Tinha Moisés a idade de cento e vinte anos quando morreu; não se lhe escureceram os olhos, nem se lhe abateu o vigor". Moisés nunca perdeu a visão, pois andou em meio à glória de Deus. O seu corpo foi preservado em uma medida muito maior.
- *A lâmpada de Deus estava se apagando.* Ela estava se apagando devido à falta de azeite. A glória havia sido retirada de tal maneira que a presença de Deus era apenas uma luz trêmula.

No caso dos filhos de Arão, a glória havia acabado de ser revelada e estava muito forte. Veio fogo da parte do Senhor e os consumiu, e eles morreram perante o Senhor. A presença e a glória de Deus estavam muito poderosas. Mas os filhos de Eli estavam envolvidos pelas trevas de uma liderança quase cega e pelas sombras trêmulas de uma lâmpada enfraquecida. A lâmpada de Deus estava quase se apagando. Só restava um vestígio da presença de Deus. A Sua glória já havia se retirado. O julgamento imediato só vem na presença da Sua glória. Portanto, o julgamento deles não foi imediato, mas foi adiado.

Quanto Maior a Glória, Mais Rápido o Julgamento

Esta verdade precisa estar firmada em nosso coração. Embora tenha sido mencionada anteriormente, agora ela está se tornando cada vez mais evidente. Quanto maior é a glória revelada de Deus, maior e mais rápido é o julgamento pela ausência de reverência! Sempre que o pecado entra na presença da glória de Deus, há uma reação imediata. O pecado, e qualquer pessoa que o alimente deliberadamente, serão erradicados. Quanto maior a intensidade da luz, menos chance as trevas têm de permanecer.

Imagine um grande auditório sem janelas ou luz natural. As trevas predominariam nesse lugar. Você não poderia ver sua própria mão diante do seu rosto. Então, acenda um fósforo. Haveria luz, mas ela seria limitada. A maior parte das trevas continuaria sem ser confrontada. Ligue uma única lâmpada de sessenta watts. A luz aumentaria, mas as trevas e as sombras ainda envolveriam a maior parte da grande sala. Agora, imagine que fosse possível colocar uma fonte de luz tão poderosa quanto o sol nessa sala. Você calculou certo: qualquer área onde houvesse trevas seria iluminada, e a luz penetraria em cada fresta e em cada fenda existente.

O mesmo acontece quando a presença gloriosa de Deus é limitada ou rara. As trevas são constantes e não são confrontadas. O julgamento é adiado. Mas à medida que a luz da glória de Deus aumenta, intensifica-se a execução do julgamento. Paulo explicou isso ao escrever:

> Os pecados de alguns homens são notórios e levam a juízo, ao passo que os de outros só mais tarde se manifestam.
>
> - 1 TIMÓTEO 5:24

O pecado da falta de reverência de Ananias e Safira foi exposto pela intensa luz da glória de Deus e assim recebeu julgamento imediato. Isto explica porque muitos hoje cujos pecados excedem o deles escaparam do julgamento imediato para aguardar uma punição adiada. Estes não são diferentes dos filhos de Eli. Eles continuam a pecar, estando cegamente tranquilos porque não percebem que em breve serão julgados. *Nada aconteceu,* pensam eles com aparente alívio. *Devo estar isento do julgamento de Deus. Ele desconsidera o que faço.* Essas pessoas estão tranquilas devido a um falso sentimento de graça, interpretando a demora no julgamento de Deus como ausência do mesmo.

Aqueles entre nós que estão vivendo durante a primeira parte do século XXI testemunharam o pecado na igreja, não apenas entre os membros, mas também entre os líderes. Em meus anos de viagens, raramente se passa um mês sem que eu ouça falar de um pastor, um ministro, um membro do Conselho, ou algum membro de outra igreja, envolvido em pecado sexual, geralmente com mulheres de sua igreja.

Meu coração tem sofrido também com a manipulação e o engano que algumas vezes pude ver com relação à questão de dar e receber ofertas. Não apenas tem havido mentiras com relação às ofertas como no caso de Ananias e Safira, como também muitas vezes ouvi falar de lideranças ou de administradores de igrejas que usurparam ou se apropriaram indevidamente dos fundos da igreja. Ouvi dois contadores especializados em ministérios de dois estados diferentes abrirem seus corações para minha esposa e eu falando sobre a ganância e o engano que viram entre os ministérios. Um deles disse: "Se outro ministro entrar em meu escritório tentando encontrar um meio de ganhar mais dinheiro e de fugir dos impostos, vou fechar o negócio".

Às vezes as ofertas são motivadas pela ganância e pela falta em vez de serem em benefício do povo. Paulo disse: "Não que eu procure o donativo, mas o que realmente me interessa é o fruto que aumente o vosso crédito" (Fp 4:17). Exatamente ao contrário disso, ouvi líderes fazerem conluios para extrair a maior oferta possível do povo de Deus. Vi o uso de cartas manipuladoras escritas por empresas de consultoria, contendo verdades torcidas a fim de conseguir recursos financeiros. Alguns desses consultores chegam a se gabar de como eles resumem tudo a uma ciência e podem calcular com precisão qual será a reação. Pedro advertiu que nos últimos dias se levantaria uma liderança que "na sua ganância... [criará] mentiras astutas para se apropriar do seu dinheiro... e a destruição deles está a caminho" (2 Pe 2:3, NLT).

Se esse comportamento tivesse ocorrido na atmosfera que encontramos no Livro de Atos, o julgamento teria sido certo e rápido. No entanto, o julgamento está sendo adiado hoje, porque a lâmpada de Deus se enfraqueceu. O último derramamento da glória de Deus ainda está por vir.

Salomão lamentou: "Vi pessoas más serem enterradas com honra. Como é estranho que sejam exatamente elas que frequentavam o templo e que são louvadas na mesma cidade onde cometeram seus crimes!" (Ec 8:10, NLT). Ele disse que essas pessoas corruptas frequentemente iam ao templo (à igreja) e eram tidas em alta consideração. Parecia que elas haviam zombado de Deus com os seus atos e que haviam passado sem nenhum julgamento aparente. O motivo disso é que o julgamento foi adiado.

Salomão continua: "Quando um crime não é punido, as pessoas acham que é seguro fazer o que é mau. Mas embora uma pessoa peque cem vezes e ainda viva por muitos anos, sei que aqueles que temem a Deus estarão em melhor situação" (v. 11-13, NLT). Por que eles estão em uma situação melhor? Porque julgamento adiado *não é* ausência de julgamento.

Somos avisados com antecedência pelos versículos a seguir:

> O grande Juiz está vindo. Ele está às portas!
>
> - TIAGO 5:9, NLT

> Porque importa que todos nós compareçamos perante Cristo para sermos julgados. Cada um de nós receberá o que merece segundo o bem ou o mal que houvermos feito em nossos corpos.
>
> - 2 CORÍNTIOS 5:10, NLT

> "O Senhor julgará o seu povo". Horrível coisa é cair nas mãos do Deus vivo.
>
> - HEBREUS 10:30-31

Estas exortações foram escritas para os crentes, e não para os pecadores que estão nas ruas!

Os filhos de Eli se sentiam seguros no seu pecado. Talvez seu título ou o trabalho que realizavam para a igreja os tivesse seduzido. Talvez eles se julgassem segundo o padrão dos que os cercavam. Seja qual for o raciocínio, os filhos de Eli foram enganados por acreditarem que o *adiamento* do julgamento de Deus significava a *ausência* do mesmo. Esta corrupção na liderança só intensificou a decadência da situação espiritual degenerada de Israel.

A Graça Distorcida

Paulo fez algumas previsões muito sérias sobre a situação do homem para descrever o tempo em que vivemos hoje. Ele escreveu: "Nos últimos dias haverá tempos muito difíceis. Pois as pessoas amarão apenas a si mesmas e o seu dinheiro. Elas serão arrogantes e orgulhosas, zombando de Deus, desobedientes a seus pais e ingratas. Elas não considerarão nada sagrado. Serão destituídas de amor e de perdão; difamarão os outros e não terão domínio próprio; serão cruéis e não terão interesse no que é bom. Trairão seus amigos, serão irresponsáveis, enfatuadas pelo orgulho, e amarão mais o prazer do que a Deus" (2 Tm 3:1-4, NLT).

A verdade mais sombria é que Paulo não está descrevendo a sociedade, mas a igreja, pois ele prossegue: "Eles agirão como se fossem religiosos, mas rejeitarão o poder que poderia torná-los semelhantes a Deus" (v. 5, NLT). Eles frequentarão a igreja, ouvirão a Palavra de Deus, falarão a Palavra de Deus, se gabarão da graça salvadora do Senhor, mas rejeitarão o poder que poderia torná-los santos.

Qual é o poder que poderia torná-los santos? A resposta é simples: É a própria graça de Deus da qual eles se gabam. Durante os últimos trinta anos, a graça ensinada e crida em muitas de nossas igrejas não é a verdadeira graça, mas uma distorção dela. Isso é resultado de darmos ênfase à *bondade* de Deus negligenciando o *temor* de Deus.

Quando a doutrina do amor de Deus não é equilibrada com o entendimento do temor de Deus, o resultado é o erro. Do mesmo modo, quando o temor de Deus não é equilibrado com o amor de Deus, temos os mesmos resultados. É por isso que somos exortados: "Considerai, pois, a bondade e a severidade de Deus" (Rm 11:22). É necessário ter ambos – sem qualquer um dos dois, ficamos desequilibrados.

Ouvi crentes e líderes darem desculpas para a desobediência considerando todas as coisas como estando cobertas pela graça de Deus ou pelo Seu amor. A graça *é* imerecida; e ela *realmente* cobre – mas não da maneira como nos foi ensinado. Ela não é uma *desculpa,* mas uma *capacitação.*

Essa falta de equilíbrio se infiltra em nosso raciocínio até que sintamos total liberdade para desobedecermos a Deus sempre que for conveniente ou sempre que as coisas não estejam a nosso favor. Até quando pecamos nós nos convencemos e aplacamos a nossa consciência encolhendo os ombros e pensando: *A graça de Deus cobrirá isto, pois Ele me ama e entende como a vida é dura. Ele quer que eu seja feliz, não importa o preço! Certo?*

É verdade que não costumamos verbalizar este processo mental, mas ele existe da mesma forma. Ele fica evidente pelos frutos deste raciocínio previsto com tanta precisão por Paulo.

Embora a graça cubra, ela não é apenas uma cobertura. Ela vai muito além disso. A graça nos permite e nos capacita a vivermos uma vida de santidade e de obediência à autoridade de Deus. O escritor de Hebreus nos exorta: "Retenhamos a graça, pela qual sirvamos a Deus de modo agradável, com reverência e santo temor" (Hb 12:28). A descrição da graça aqui não é a de uma cobertura ou a de um tapete fofinho que esconde tudo debaixo de si, mas a de uma força que nos capacita a servir a Deus de forma aceitável com a devida reverência e santo temor. Ela é a essência do poder que está por trás de uma vida de obediência. Ela é a validação ou a prova da nossa salvação.

Alguns poderiam refutar, argumentando: "Mas a Bíblia diz: 'Pela graça sois salvos mediante a fé; e isto não vem de vós, é dom de Deus'" (Ef 2:8, NAS). Sim, é verdade; é impossível viver uma vida digna da nossa herança no reino de Deus na nossa própria força, pois todos pecaram e estão destituídos do padrão justo de Deus. Nenhum de nós jamais será capaz de comparecer diante de Deus e dizer que as nossas obras, os nossos atos de caridade, ou as nossas vidas de bondade conquistaram o direito de habitarmos no Seu Reino. Todos nós transgredimos e merecemos queimar no lago de fogo eternamente.

A resposta de Deus para as nossas imperfeições é o dom da salvação por meio do dom da Sua graça, uma dádiva que não pode ser conquistada (Rm 4:4). Muitos na igreja entendem isso. No entanto, falhamos em enfatizar o poder da graça não apenas para nos redimir, mas também para nos conceder a capacidade de vivermos nossas vidas de uma maneira totalmente diferente. A Palavra de Deus declara:

> Assim, também, a fé, se não tiver obras, por si só está morta. Mas alguém dirá: 'Tu tens fé, e eu tenho obras; mostra-me essa tua fé sem as obras, e eu, com as obras, te mostrarei a minha fé".
>
> - TIAGO 2:17-18

Tiago não estava contradizendo Paulo. Ele estava esclarecendo a mensagem de Paulo afirmando que a evidência de que uma pessoa recebeu a graça de Deus é uma vida de obediência, mas também a *capacidade* de perseverar. Uma pessoa que desobedece à Palavra de Deus sistematicamente é alguém em quem a fé fracassou ou em quem a fé nunca realmente existiu. Tiago continua:

> Verificais que uma pessoa é justificada por obras e não por fé somente.
>
> - TIAGO 2:24

Tiago prefaciou esta declaração citando Abraão, o pai da fé, como exemplo: "Não foi por obras que Abraão, o nosso pai, foi justificado, quando ofereceu sobre o altar o próprio filho Isaque?" (v. 21). A fé era evidente nas atitudes de Abraão. Seus atos ou obras confirmavam que sua fé havia sido aperfeiçoada. "E se cumpriu a Escritura, a qual diz: 'Ora, Abraão creu em Deus, e isso lhe foi imputado para justiça'" (v. 23).

Em nossa língua, a palavra *crer* foi reduzida ao reconhecimento mental da existência de alguma coisa. Multidões fizeram a oração de arrependimento movidas por emoção, apenas para voltar aos seus antigos caminhos de desobediência. Elas continuam vivendo para si mesmas, ao mesmo tempo confiando em uma salvação emocional que era destituída do poder para transformá-las. Sim, essas pessoas creem em Deus – mas a Bíblia declara: "Crês tu que Deus é um só? Fazes bem. Até os demônios creem e tremem" (v. 19).

De que adianta reconhecer Jesus Cristo quando não há mudança no coração e, portanto, não há uma mudança de atitude?

As Escrituras retratam um significado muito diferente para a palavra *crer*. Crer é mais do que o reconhecer a existência de Jesus; *crer* compreende a obediência à Sua Palavra e à Sua vontade. Isso explica Hebreus 5:9: "E, tendo sido aperfeiçoado, tornou-se o Autor da salvação eterna para todos os que lhe obedecem". Crer é obedecer, e obedecer é crer. A prova da crença de Abraão era a obediência. Ele ofereceu o seu precioso filho a Deus. Nada, nem mesmo seu filho, significava mais para Abraão do que obedecer a Deus. Isso é verdadeira fé. É por isso que Abraão é honrado como o "pai da fé" (Rm 4:16). Vemos esta mesma fé e graça evidentes em nossas igrejas de hoje? Como fomos tão enganados?

"Deus é Como Nós"

Eli e seus filhos não apenas enganaram o povo de Israel, mas eles próprios foram enganados. Eles acreditavam que Deus fingia que não via a desobediência deles. Com a consciência cauterizada, pensavam que Deus fosse exatamente como eles. Eles mediam Deus de acordo com o que sabiam e viam.

Paulo continuou descrevendo as pessoas da igreja de nossos dias que estão destituídas do poder para torná-las santas. "Eles continuarão enganando os outros, e eles próprios serão enganados" (2 Tm 3:13, NLT).

A sua visão profética se confirma nos dias de hoje. Deus declara aos líderes corruptos e aos falsos crentes da igreja:

> Não recitem mais as minhas leis, nem finjam obedecer-me. Pois vocês recusam a minha disciplina e tratam as minhas leis como

lixo. Quando vocês veem um ladrão, vocês o ajudam, e desperdiçam o seu tempo com os adúlteros. A boca de vocês está cheia de maldade, e a língua de vocês está cheia de mentiras. Vocês se reúnem para difamar um irmão.

- SALMO 50:16-20, NLT

Deus está perguntando: "Por que vocês estão pregando a Minha Palavra se não me temem nem me obedecem? Por que vocês enganam os outros e a si mesmos?" Ele está dizendo a eles:

Tens feito estas coisas, e eu me calei; pensavas que eu era teu igual; mas eu te arguirei e porei tudo à tua vista.

- SALMO 50:21

Deus disse: "Eu me calei". O julgamento foi adiado, mas não negado, pois o Senhor garantiu: "Eu te arguirei, e porei tudo à tua vista". Lembre-se, a *ordem divina* precede a *glória revelada*. Quando a glória é revelada, a desordem é confrontada com julgamento imediato a fim de garantir a manutenção da ordem divina. Deus prometeu àqueles que estão aguardando o julgamento: "Tenham certeza de que haverá ordem, pois eu a trarei".

Observe que é a consciência que apazigua o desconforto da desobediência em seu comportamento sem reverência. Eles acreditam que Deus seja exatamente como eles. Eles reduzem a imagem da glória de Deus ao nível do homem corruptível!

Povo de Deus, ouça as Suas palavras de misericórdia! Vocês podem dizer: "Palavras de misericórdia? Pensei que você estivesse falando de julgamento". Na verdade, nas pregações e escritos proféticos, Deus está procurando nos avisar a fim de nos livrar do Seu julgamento. Portanto, a sua mensagem é de *misericórdia!*

Deus Tem Um Remanescente

Pelo Espírito de Deus, Paulo viu a glória manifesta do Senhor se desvanecer até atingir novamente o fundo do poço. Os dias que precedem o segundo derramamento veriam exatamente este clima espiritual. Tanto o sacerdote quanto o povo sofreriam corrupção. Paulo profeticamente lamentou:

> Pois está vindo um tempo em que as pessoas não darão mais ouvidos à sã doutrina. Em vez disso, elas seguirão os seus próprios desejos e procurarão mestres que lhes digam o que eles quiserem ouvir.
>
> - 2 TIMÓTEO 4:3, NLT

É triste dizer, mas estamos vivendo nesses dias. Parece que muitos pastores e ministros desejam mais atrair as multidões do que manter a justiça. Eles têm medo de pregar a verdade com ousadia, preocupados em colocarem em risco tudo que trabalharam tanto para construir. Então eles dizem às pessoas o que elas querem ouvir e evitam o confronto.

Os resultados são devastadores. Os pecadores se sentam nas nossas congregações sem convicção do pecado e inconscientes do que a justiça significa. Muitas dessas pessoas confusas supõem que são salvas, quando na verdade não são. Ao mesmo tempo, alguns ministros buscam o favor e a recompensa dos homens sem considerar o favor de Deus, enquanto os crentes piedosos clamam: "Onde está Deus?" E o pior de tudo é que enquanto a nossa sociedade permanece cativa das trevas, a igreja é vista com desdém. Quando a igreja está infectada e enferma pela falta de temor do Senhor, ela é incapaz de ajudar a sociedade.

Qual é a resposta de Deus? Ela se encontra na palavra *remanescente*. Assim como Deus encontrou um remanescente que tremia diante da Sua Palavra para encher com a Sua glória na primeira chuva, assim Ele encontrará um remanescente de crentes nestes últimos dias das últimas chuvas, através dos quais Ele mais uma vez revelará a Sua glória. O tamanho ou o número desse grupo não importa. Esses crentes amarão e obedecerão ao Senhor não importando o custo para suas vidas. Há líderes, ministros e crentes em toda a terra hoje que estão clamando por este derramamento.

*Onde estivemos e onde estamos
não é para onde vamos!
Precisamos erguer nossos olhos
para o horizonte e aguardar
a glória do Senhor que está por vir!*

NOVE

A GLÓRIA QUE ESTÁ POR VIR

"A glória desta última casa será maior que a da primeira", diz o Senhor dos Exércitos.

— AGEU 2:9

Ouvi ministros e crentes se gabarem de que estamos nas últimas chuvas. Eles falam como se a igreja atualmente estivesse experimentando o grande derramamento do Espírito de Deus previsto pelos profetas, como se Jesus pudesse vir a qualquer momento e nos arrebatar. Aos que dizem isto, respondo: "A visão de vocês é pequena demais! Vocês se contentaram com muito menos do que o que Deus realmente fará".

Muitas vezes isso acontece por ignorância e é mais provável que aconteça durante um genuíno mover de Deus. Por mais maravilhoso que seja o mover do Espírito de Deus nessas reuniões, isso ainda não significa que estamos experimentando a glória da última chuva. Confundimos um novo mover do Espírito de Deus, que muitas vezes é acompanhado pelo Seu poder, unção e dons, com a glória de Deus que está por vir. Deixamos de ver a glória de Deus que está por vir com os olhos do nosso coração.

Em outros casos, estas afirmações são movidas pela preguiça espiritual. As pessoas se cansaram de prosseguir para o alvo do alto chamado de Deus e acamparam em um lugar muito longe de onde Deus os chamou para estar. Alguns não acamparam, mas estão perambulando sem destino por caminhos alternativos de conforto. Essas estradas se chamam concessão, mundanismo, religião, e falsa unidade. Em qualquer desses casos, as pessoas que estão seguindo esses caminhos se contentaram com a glória do homem e – se forem deixadas dormindo – acabarão resistindo à glória de Deus quando ela finalmente for revelada.

Outros proclamaram o derramamento da glória de Deus por puro exagero. Essa motivação é mais perigosa, porque demonstra falta de reverência. Deus falou ao meu coração: "Os que se contentam com o *artificial* nunca verão o *real*". Se a irreverência deles persistir, essas pessoas experimentarão o julgamento na revelação da glória de Deus, glória esta destinada a trazer grande refrigério e alegria.

Alguns podem argumentar: "Mas vemos um aumento do poder, da cura e dos milagres de Deus hoje". Isso pode ser verdade, mas não indica automaticamente a chegada da última chuva. Precisamos nos lembrar que os dons do Espírito podem estar em operação naqueles que ainda assim não estão agradando o Senhor. Quando a unção de Deus vem, não significa necessariamente que ela está acompanhada pela aprovação de Deus. Jesus advertiu que muitos virão a Ele no dia do julgamento e dirão que expulsaram demônios, profetizaram, e que fizeram muitas maravilhas em Seu nome, mas Ele lhes dirá: "Afastai-vos, vós que praticais a iniquidade!"

Precisamos ter em mente o propósito de Deus para a criação. Ele não colocou Adão no jardim para ter um ministério mundial de pregação, cura ou libertação. Adão foi colocado no jardim para que Deus pudesse andar com ele. Deus queria um relacionamento com Adão, mas o relacionamento foi cortado por causa da desobediência.

Fomos criados para Deus, para coexistirmos com a Sua glória. Mas se quisermos agradar a Deus, a desobediência não pode existir dentro de nós. A medida exata da nossa verdadeira condição espiritual está na nossa verdadeira obediência à Sua vontade. Pode haver unção em nossas vidas, mas ainda estarmos distantes do coração de Deus. Considere o exemplo de Judas, de Balaão, e do Rei Saul: todos eles operavam debaixo da unção, mas estavam destituídos de andarem na glória de Deus por causa de suas motivações egoístas.

Deus não levanta Seus filhos com o propósito de que eles realizem milagres. Deus falou através da mula de Balaão no Antigo Testamento, mas aquilo não fez daquela besta de carga uma habitação da glória de Deus! Durante os últimos seis milênios, Deus tem estado pacientemente trabalhando em um templo para si, formado pelos Seus filhos obedientes que o amam e o temem. Pedro escreveu: "Também vós mesmos, como pedras que vivem, sois edificados casa espiritual" (1 Pe 2:5). E Paulo afirmou: "No qual também vós juntamente estais sendo edificados para habitação de Deus no Espírito" (Ef 2:22).

Se formos sinceros admitiremos que nós – o templo de Deus – ainda não estamos preparados para a Sua glória. O templo ainda está em construção. A ordem divina está sendo restaurada dentro do coração do homem.

A Nossa Condição Atual

Há ainda outro período na história de Israel que traça um paralelo com o estado atual da igreja. Lembre-se que os acontecimentos e as lições de Israel são modelos e sombras das coisas que estão por vir na igreja. Após setenta anos de cativeiro na Babilônia, um grupo de judeus retornou para a sua amada Terra Prometida. O julgamento havia cessado e a restauração havia começado. Era hora de reconstruir os muros e o templo.

A princípio esta fase de reconstrução foi encarada e introduzida com entusiasmo, dedicação e trabalho árduo. Entretanto, à medida que o entusiasmo inicial foi gradualmente diminuindo, as pessoas perderam a motivação, e dezesseis anos depois elas ainda não haviam terminado o templo. Suas preocupações pessoais tiveram prioridade sobre a restauração da casa de Deus. A reverência havia se esvaído por causa do envolvimento deles com seus próprios negócios. O que Deus considerava importante e santo havia sido colocado em "banho-maria".

Para despertar as pessoas, Deus levantou o profeta Ageu. Ele confrontou o povo com esta pergunta: "Acaso é tempo de habitardes vós em casas apaineladas, enquanto esta casa permanece em ruínas?" (Ag 1:4). Os israelitas perderam a perspectiva quando o foco deles passou de Deus para si mesmos. Quando isso acontece, a paixão e o desejo por Deus sempre começam a desvanecer.

Através do profeta, Deus explicou o motivo desta insatisfação: "Esperastes muito, e eis que veio a ser pouco, e esse pouco, quando o trouxestes para casa, eu com um assopro o dissipei. Por quê? – diz o Senhor dos Exércitos; por causa da minha casa, que permanece em ruínas, ao passo que cada um de vós corre por causa de sua própria casa. Por isso, os céus vos retêm o seu orvalho, e a terra, os seus frutos" (v. 9-10). A chuva havia sido retida da colheita deles. Sempre que a nossa busca é por "bênçãos" em lugar de pelo Senhor, Ele a retirará ou reterá a fim de que clamemos novamente por Ele.

O nosso dilema de hoje não é muito diferente. Nós também vivemos em uma era de restauração, pois a Bíblia nos diz que Jesus não voltará até a restauração de todas as coisas (Ver Atos 3:21). As Escrituras prometem que tudo que foi perdido será restaurado antes da Sua vinda. Deus restaurou o templo natural de Israel, mas o nosso templo não é um templo natural, mas o altar composto por nossos corações. Este santo templo será consertado e restaurado à sua divina ordem para a Sua glória mais uma vez.

Mas no nosso tempo de restauração, nós nos comportamos como Israel. Temos corrido atrás das bênçãos e buscado conforto e facilidade.

Para a maioria de nós, o nosso melhor tem sido dado para construirmos as nossas próprias "casas apaineladas". Temos dedicado a maior parte do nosso tempo à obtenção de sucesso pessoal para que possamos desfrutar de conforto e segurança.

"Onde Está a Minha Honra?"

Mais tarde, Deus questionou Israel novamente através do último profeta do Antigo Testamento, Malaquias. Ele viveu um século depois de Ageu, durante o mesmo período de restauração. Malaquias clamou:

> "O filho honra o pai, e o servo respeita o seu senhor. Eu sou o pai e o mestre de vocês, mas onde estão a honra e o respeito que mereço? Vocês desprezaram o meu nome! Mas vocês perguntam: 'Como desprezamos o teu nome?' Vocês desprezaram o meu nome oferecendo sacrifícios contaminados sobre o meu altar. Então vocês perguntam: 'Como contaminamos os sacrifícios?' Vocês os contaminam dizendo que o altar do Senhor não merece respeito. Quando vocês entregam animais cegos como sacrifícios, não é isto errado? E não é errado oferecer animais que são aleijados e doentes? Experimentem dar presentes assim ao seu governador, e vejam como ele se agradará!" diz o Senhor Todo Poderoso.
>
> - MALAQUIAS 1:6-8, NLT

Deus perguntou ao Seu povo: "Vocês me chama Senhor, mas onde está a minha honra e reverência?" Como Ele não era respeitado? Ele não recebia o melhor enquanto o povo retinha o melhor para si.

Deus chamou as atitudes do povo de desrespeitosas e irreverentes. Para ajudar os israelitas a verem o seu erro com mais clareza, Deus os desafiou: "ofereçam o que vocês me deram ao seu governador (ou seu patrão, líder, enfim, pessoas em nível muito inferior ao Rei do Universo)!" Se trabalhássemos para os nossos empregadores da maneira como muitas pessoas servem a Deus, seríamos despedidos antes do final da semana.

Vamos ver o nível de honra que geralmente damos a Deus. Chegamos à igreja com dez minutos de atraso. Nós nos sentamos e observamos, sem nunca levantar um dedo para servir, ao mesmo tempo criticando a liderança e aqueles que servem. Mantemos vigilância constante e desconfiada na forma como o dinheiro é gasto, embora raramente contribuamos com o nosso próprio dízimo na totalidade. Com pressa para comer, saímos antes do culto terminar. Só frequentamos os cultos regulares e ficamos frustrados quando são programadas reuniões especiais. Se o tempo estiver feio, ficamos em casa para evitar a inconveniência. Se o tempo estiver excepcionalmente maravilhoso, ficamos em casa para desfrutar dele. Se o nosso programa favorito estiver passando na TV, faltamos ao culto para assisti-lo.

Quanto tempo este nível de desempenho no serviço duraria em um cargo ou função no mercado?

Muitos daqueles que servem nas igrejas ou em ministérios estão estafados porque não há pessoas suficientes que estejam dispostas a dar o seu tempo para levar a tremenda carga de trabalho que o ministério exige. Em muitas igrejas, a maioria do povo vem para receber ou para ser espectadores, e nunca para dar ou servir. Eles olham para o relógio para ter certeza de que o culto de domingo terminará bem na hora – e não têm tempo para uma reunião de oração no meio da semana. Mas essas mesmas pessoas trabalham por longas horas para manter um padrão de vida e correr atrás de seu sucesso pessoal.

Pelo fato de haver tão poucos para servir, os pobres e necessitados da congregação são negligenciados. Mas no final das contas, essas mesmas pessoas criticam o pastor e a sua equipe estafada quando as necessidades dos pobres não são atendidas.

Alguns desses servos relutantes nem sequer reservam tempo para as próprias famílias que trabalham tão arduamente para sustentar. Eles colocam suas famílias de lado, dizendo de uma forma defensiva: "É claro que amo vocês; vocês não conseguem ver que estou ocupado me esforçando para sustentá-los? Agora, deixem-me a sós; estou cansado e não tenho tempo para vocês neste momento!"

Deus explica a turbulência na vida deles: "Vocês estão esperando muito, mas na verdade têm pouco, pois quando o trouxerem para casa, eu com um assopro o dissiparei. Por quê?" diz o Senhor dos Exércitos. "Por causa da minha casa, que está em ruínas, ao passo que cada um de vocês corre por causa de sua própria casa. Por isso, as últimas chuvas são retidas, e os frutos da colheita não vieram" (Ag 1:9-10, paráfrase do autor).

Onde Estão os Verdadeiros Pregadores?

Malaquias e Ageu eram verdadeiros profetas. As suas fortes palavras proféticas geraram mudança no coração de Israel. O povo ouviu estas palavras e "atenderam à voz do Senhor, seu Deus, e às palavras do profeta Ageu, as quais o senhor, seu Deus, o tinha mandado dizer; e o povo temeu diante do Senhor" (Ag 1:12).

A reverência foi restaurada. Agora o foco estava mais uma vez no templo; os interesses pessoais deles eram secundários. Quando temermos a Deus, sempre colocaremos os Seus interesses e desejos acima dos nossos.

Precisamos hoje de pregadores como Ageu ou Malaquias, que fugirão da popularidade para agradar a Deus. Precisamos de pregadores que falem palavras confiáveis, palavras que as pessoas *precisam* ouvir e não as que elas *querem* ouvir. Hoje, se uma pessoa escrever um livro sobre como melhorar o seu estilo de vida ou como ter sucesso, ele venderá bem. Escrevemos e pregamos sobre tópicos que são agradáveis às pessoas. Mas onde estão aqueles que não se preocupam com a receptividade de sua mensagem na terra, mas apenas com a sua receptividade no céu?

Quando viajo, o meu tempo para falar muitas vezes é limitado por certas restrições, geralmente se limitando a uma hora e meia. Normalmente existem duas razões por trás disto. Em primeiro lugar, existe o medo de que se os cultos se estenderem muito, a igreja anfitriã perca tanto a frequência noturna quanto seus membros. É interessante que tantas pessoas consigam ficar sentadas por duas horas ou mais no cinema ou em um evento esportivo, mas fiquem frustradas quando o sermão passa dos quarenta e cinco minutos.

Em segundo lugar, há uma pressão que esses cultos exercem sobre os que trabalham com crianças. Creio que as pessoas que trabalham com crianças experimentariam um verdadeiro mover de Deus se elas ministrassem às crianças em vez de entretê-las! Algumas vezes, ministrei em cultos que duraram três horas ou mais, e pelo fato de que as crianças estavam sendo ministradas, elas não tiveram problema algum com o tempo. Não pretendo com isto dizer que um culto deve ser longo para ser eficaz. Estas atitudes são um simples reflexo do que valorizamos como digno da nossa atenção.

Observo isto com mais frequência em igrejas muito grandes. Às vezes o motivo pelo qual uma igreja é grande é porque ela serve a novos convertidos "mornos", que podem entrar e sair depressa sem que nunca alguém faça com que se sintam desconfortáveis.

Sim, se o Espírito Santo não está presente em um culto, não há motivo para que ele dure mais de uma hora e meia. Aliás, até isso será muito tempo sem a presença do Espírito Santo. Concordo com isso. No entanto, o Espírito Santo estará nos cultos onde a liderança permitir que Ele faça e diga o que desejar!

Recentemente, estive com o pastor de uma grande igreja que me pediu para limitar o culto a uma hora e meia. Olhei para ele e com respeito por sua posição perguntei: "É isso o que você quer? Você quer impor limite de tempo ao Espírito Santo? Se quiser, você pode crescer, mas esqueça a ideia de ter um verdadeiro mover de Deus na igreja".

Ele cedeu: "Tudo bem, mas, por favor, encerre em duas horas".

O nosso último culto foi em uma segunda-feira à noite, e preguei uma mensagem muito forte. Cerca de 80 por cento das pessoas vieram à frente quando fiz o apelo ao arrependimento. Percebi que meu tempo estava terminado, então encerrei o culto. Aprendi que Deus se agrada quando respeito a autoridade que Ele estabeleceu sobre um corpo de crentes.

Voei para casa mais cedo na manhã seguinte. No dia seguinte, o pastor me telefonou: "John, senti que você deveria orar pela minha equipe".

Concordei e respondi: "Eu também senti, mas meu tempo havia se esgotado".

Ele continuou: "John, quando cheguei em casa, minha esposa estava no meio do chão da sala chorando. Ela olhou para mim e disse: 'Deixamos Deus ir embora. O culto deveria ter continuado'. Recebemos telefonemas o dia inteiro testificando a respeito das vidas que foram transformadas. Crentes da região nos ligaram dizendo: 'Ouvimos dizer que Deus está fazendo algo em sua igreja. Vocês vão ter culto esta noite?' Não posso acreditar que limitei o seu tempo. Deus tratou comigo a respeito disso".

Respondi: "Pastor, estou cheio de alegria, pois vejo que você tem um coração aberto".

Então ele me pediu que voltasse assim que possível para conduzir uma semana de reuniões. Gostaria de poder relatar que todos os pastores que encontrei que limitaram o Espírito de Deus em suas igrejas tiveram o mesmo coração aberto.

Deus lamentou esta irreverência através de Jeremias:

> Uma coisa terrível e chocante aconteceu nesta terra – os profetas dizem profecias falsas, e os sacerdotes governam com mão de ferro, E o que é pior, o meu povo gosta que seja assim! Mas o que vocês farão quando vier o fim?
>
> - JEREMIAS 5:30-31, NLT

É assustador, mas esta passagem descreve muito do que vemos hoje. Muitas vezes as palavras dos chamados "profetas" na igreja não transmitem a verdadeira força ao coração do povo de Deus. Eles dão um alívio temporário com a promessa de bênçãos. Mais tarde, porém, o povo fica desanimado quando se decepciona com Deus porque a palavra não se cumpre. As mensagens de Ageu e Malaquias apontaram ao povo o caminho de volta para o coração de Deus. As suas palavras proféticas trouxeram de volta ao povo um temor saudável de Deus, que os levou à obediência.

È uma pena que tantas pregações e palavras proféticas pessoais alimentem atitudes e conceitos errados que se infiltram no coração dos filhos de Deus. *Deus quer que você seja feliz! Deus quer que você seja abençoado! Há um estilo de vida de sucesso esperando por você!* Faça um estudo por si mesmo das profecias pessoais encontradas no Novo Testamento. Você encontrará apenas algumas, e a maioria delas fala de cadeias, tribulações e da morte que aguardava aqueles que queriam glorificar a Deus (Ver João 21:18-19; Atos 20:22-23; Atos 21:10-11). Como é diferente de muitas das profecias pessoais de hoje!

O Senhor descreve um sacerdote como alguém que governa com mão de ferro. Isso acontece quando os pastores governam através do controle em vez da obediência à direção do Espírito. É ofensivo ao Espírito Santo que lhe digam que Ele só tem uma hora e meia, do princípio ao fim, para completar a Sua obra. Desagrada a Ele quando os líderes seguem um padrão rígido e tomam decisões fora do conselho de Deus. Mas o que Deus acha mais alarmante é que o Seu povo *gosta que seja assim!* Para muitos, estes limites protegem o estilo de vida irreverente e egocêntrico deles.

Com as primeiras chuvas vieram grandes bênçãos, mas elas trouxeram um julgamento rápido também. Deus pergunta: "Mas o que vocês farão quando vier o fim?" Creio que Ele está nos avisando: "Se vocês não mudarem, no dia da Minha glória vocês serão julgados em vez de serem abençoados".

Considere o Primeiro Templo

Vamos voltar a Ageu. O temor do Senhor foi restaurado ao coração de Israel, e o foco deles voltou-se para Deus. Ageu então indicou a condição em que o templo se encontrava na ocasião:

> Quem dentro vós que tenha sobrevivido, contemplou esta casa na sua primeira glória? E como a vedes agora? Não é ela como nada aos vossos olhos?
>
> – AGEU 2:3

Creio que Deus está perguntando o mesmo a nós hoje: "Quantos de vocês se lembram da igreja na sua primeira glória? Como podemos nos comparar a ela agora? Como nós – o templo de Deus – podemos nos comparar?"

Para responder, por comparação, vamos examinar a glória da igreja no Livro de Atos. O Pentecostes, o primeiro dia da primeira chuva, veio com tamanha força que capturou a atenção de multidões em Jerusalém. Não havia rádio, televisão, ou anúncios nos jornais. Não houve distribuição de panfletos. Na verdade, não houve nenhum culto programado. Mas Deus se manifestou tão poderosamente que multidões ouviram as palavras ungidas de Pedro e milhares foram salvos. Esta reunião não ocorreu em uma igreja, um auditório ou estádio, mas nas ruas.

Pouco tempo depois, Pedro e João estavam a caminho do templo, e viram um homem aleijado que era manco desde o seu nascimento. Diariamente ele ficava na rua, mendigando. Pedro o ergueu e o colocou de pé, e o homem aleijado foi curado no nome de Jesus. Dentro de minutos, uma multidão de milhares de pessoas havia se reunido novamente. Pedro pregou, e cinco mil homens foram salvos. Não houve tempo sequer para fazer o "apelo", pois Pedro e João foram presos antes de terminarem a pregação.

Depois que Pedro e João foram libertos da prisão, eles voltaram para se reunir aos outros crentes. Juntos, eles oraram com tamanha unidade que o prédio foi abalado. Isso é poder! Ora, conheço pregadores que tendem a exagerar, mas a Bíblia não! Quando ela diz que o prédio tremeu, é porque *ele tremeu!*

Logo depois um homem e uma mulher trazem uma oferta e, por causa da irreverência, caem mortos. Imediatamente após este incidente, lemos:

> A ponto de levarem os enfermos até pelas ruas e os colocarem sobre leitos e macas para que, ao passar Pedro, ao menos a sua sombra se projetasse nalguns deles.
>
> – ATOS 5:15

Observe que a Bíblia diz "ruas" e não "rua"! Jerusalém não era uma cidade pequena. A glória de Deus era tão forte que tudo que Pedro tinha de fazer era passar por aquelas pessoas e elas eram curadas!

Então a perseguição se tornou tão intensa em Jerusalém que os crentes se espalharam pelas regiões da Judéia e Samaria. Um deles, Filipe, um homem que servia à mesa das viúvas, foi a uma cidade de Samaria e pregou. Toda a cidade respondeu e multidões lhe deram atenção, ao verem os grandes milagres que ele fazia. O efeito do Espírito de Deus naquela cidade foi tão grande que a Bíblia relata: "E houve grande alegria naquela cidade" (At 8:8).

Um anjo do Senhor disse a Filipe que fosse para o deserto, onde ele encontrou um homem da Etiópia de grande autoridade. Ele o conduziu a Jesus e batizou-o. Então o Espírito do Senhor arrebatou Filipe de tal modo que ele desapareceu bem diante dos olhos do homem. Ele foi trasladado do deserto para uma cidade chamada Azoto.

Logo depois encontramos Pedro indo a uma cidade chamada Lida. Ali ele encontrou um homem chamado Enéias, que havia oito anos era paralítico. Pedro falou a ele no nome de Jesus, e esse homem aleijado foi imediatamente curado.

A Bíblia diz: "Viram-no todos os habitantes de Lida e Sarona, os quais se converteram ao Senhor" (At 9:35). Duas cidades inteiras terminaram sendo salvas!

Mais tarde vemos Deus operando poderosamente entre os gentios. Em toda parte aonde os crentes iam, cidades inteiras eram afetadas. Os crentes eram descritos como "Estes que têm transtornado o mundo chegaram também aqui" (At 17:6).

A glória de Deus era tão poderosa que a Bíblia relata: "Durou isto por espaço de dois anos, dando ensejo a que todos os habitantes da Ásia ouvissem a Palavra do Senhor, tanto judeus como gregos" (At 19:10). Uau! A Bíblia não diz: "Toda a Ásia ouviu a palavra". Isso seria fácil, pois significaria que todas as cidades haviam sido afetadas, mas não significaria necessariamente todas as pessoas.

Em vez disso, diz: "Todos os habitantes da Ásia ouviram a Palavra do Senhor!" Isso nos diz que todas as pessoas que habitavam na Ásia ouviram a Palavra de Deus em apenas duas semanas. A Ásia não é um vilarejo, uma cidade ou um país. É uma região!

Tudo isso foi feito sem satélites, Internet, televisão, rádio, carros, bicicletas, fitas de áudio, livros ou vídeos. Mas a Bíblia diz que todas as pessoas ouviram o evangelho quando ele foi proclamado por aqueles cristãos primitivos.

Sete Vezes Maior

Você está vislumbrando como era gloriosa a igreja de Atos durante a primeira chuva do Espírito de Deus? Agora vamos tratar mais uma vez da pergunta de Deus: "Como a igreja de hoje se compara com o Livro de Atos?" Não somos como nada? Se fôssemos sinceros, responderíamos *sim* a esta pergunta. Não há como comparar a igreja de hoje à gloriosa igreja de Atos. Podemos ter mais *recursos,* mas parece que temos menos da Fonte. Não sou contra livros, fitas, televisão, computadores, e tecnologia via satélite. Todas estas coisas são recursos, mas se não receberem o sopro de vida da *Fonte*, serão deficientes. *Deus é a fonte de todos os nossos recursos.*

Deus faz esta pergunta para nos condenar? Absolutamente não! Ele está simplesmente nos desafiando a ampliarmos a nossa visão. Se acharmos que chegamos ao nosso destino, não teremos o desejo de ir além. A nossa paixão e o nosso sentimento pela aventura se perderão. Provérbios 29:18 nos diz: "Não havendo profecia [revelação], o povo se corrompe".

Com esta revelação da nossa necessidade, Ele abre o caminho para a Sua visão profética.

Leia a Palavra de Deus e veja a Sua visão:

> "A glória desta última casa será maior do que a da primeira", diz o Senhor dos Exércitos.
>
> - AGEU 2:9

Uau! Você consegue visualizar isto? Deus diz que a Sua glória revelada excederá a glória exibida no Livro de Atos! Você consegue perceber o quanto ainda estamos destituídos da visão de Deus?

Na verdade, o Senhor me impressionou ao falar comigo em oração há alguns anos: "John, a magnitude da Minha glória revelada nos dias que estão por vir será sete vezes maior do que as pessoas experimentaram no Livro de Atos!"

Imediatamente clamei: "Senhor, não sei se consigo crer ou compreender isto! Preciso ver o que o Senhor acaba de dizer na Sua Palavra para confirmar que é mesmo o Senhor falando comigo".

Fiz esse pedido muitas vezes, e o Senhor nunca me castigou por isso. As Escrituras dizem: "Por boca de duas ou três testemunhas toda questão será decidida" (2 Co 13:1). O Espírito de Deus não contradiz a Sua Palavra escrita e estabelecida.

O Senhor imediatamente respondeu, rapidamente derramando versículos em meu coração – não apenas dois ou três, mas vários.

Primeiro Ele perguntou: "John, eu não disse na minha Palavra que quando o ladrão é apanhado, ele precisa restituir sete vezes (Pv 6:31)? O ladrão roubou da igreja, mas a minha Palavra diz que o céu precisa receber Jesus até os tempos da restauração de *todas* as coisas! Esta restauração será sete vezes mais!"

Ele continuou: "John, eu não disse na minha Palavra que faria com que os inimigos que se levantaram contra o Meu povo fossem derrotados? 'Por um caminho sairão contra ti, mas por sete caminhos fugirão da tua presença'" (Dt 28:7).

Então, usando um versículo de Eclesiastes, Ele perguntou: "John, eu não disse na minha Palavra que 'Melhor é o fim das coisas do que o princípio' (Ec 7:8)? O fim da era da igreja será melhor do que o começo".

E Ele falou mais uma vez, perguntando: "John, eu não guardei o melhor vinho para o fim no casamento em Caná" (Jo 2:1-11)? O vinho fala da Sua presença palpável nas Escrituras.

Mais tarde, Ele me mostrou o versículo das Escrituras que solidificou essa verdade em meu coração. Isaías, capítulo 30, diz como o povo de Deus procuraria se fortalecer na força do Egito (o sistema deste mundo). Eles se fortaleceriam nos ídolos procurados pelo mundo. Então Deus teria de levar o povo através da adversidade e da aflição para sua purificação. Neste processo, eles deixariam de lado os seus ídolos e voltariam os corações novamente para Deus. Quando isto acontecesse, Deus disse:

> Então o Senhor te dará chuva sobre a tua semente...
>
> - ISAÍAS 30:23

Isaías não está falando de chuva natural, mas sim da chuva do Espírito de Deus conforme descrito em Joel, Pedro e Tiago. Veja o que Isaías prossegue dizendo:

> A luz do sol será sete vezes mais forte – como a luz de sete dias!
> Assim será no dia em que o Senhor começar a curar o seu povo
> e curar as feridas que ele lhes deu.
>
> - ISAÍAS 30:26. NLT

O sol natural não brilha sete vezes mais quando chove. Na verdade, Deus está descrevendo a glória do Seu Filho, a quem as Escrituras chamam de "Sol da Justiça" (Ml 4:2). A Sua glória será sete vezes maior nos dias que antecederão a Sua Segunda Vinda.

A última chuva da glória de Deus trará refrigério não apenas ao povo de Deus, mas também para aqueles que o cercam. Já participei de reuniões maravilhosas onde Deus estava se movendo e onde havia milhares de pessoas todas as noites. Embora tivessem uma boa frequência de santos, desviados e pecadores, essas reuniões muitas vezes não faziam a menor diferença nas cidades que as cercavam. Enquanto dirigia a caminho desses cultos, eu me perguntava quando toda a cidade seria afetada. Por mais maravilhosas que sejam as nossas reuniões, ainda aguardo a última chuva.

A última chuva é diferente dos avivamentos passados. Esses avivamentos afetaram uma cidade ou uma região aqui ou ali, tal como Azusa e Gales. Eles também afetaram as nações, mas era preciso ir até lá para ser parte daquilo. No Livro de Atos, porém, a glória de Deus se manifestava em todos os lugares aonde Seus discípulos iam. A glória de Deus foi derramada sobre todo o mundo conhecido. A última chuva será derramada sobre toda a terra em uma medida muito maior!

É com entusiasmo que declaro: Onde estivemos e onde estamos agora *não é para onde estamos indo!* Precisamos levantar os nossos olhos para o horizonte e ansiar pela Sua glória que está por vir!

*Prepare o caminho do Senhor
preparando o Seu povo
para a Sua glória!*

DEZ

A RESTAURAÇÃO DA SUA GLÓRIA

*Porém tão certo como eu vivo, toda a terra
se encherá da glória do Senhor.*

— NÚMEROS 14:21

Estamos nos aproximando rapidamente da última chuva da glória de Deus. Haverá uma diferença principal entre a igreja de hoje e a igreja anterior ao Pentecostes. No Livro de Atos, Deus derramou o Seu Espírito repentinamente e intensamente, e depois, anos mais tarde, ele começou a desvanecer. Creio que as Escrituras revelam que a última chuva não será um derramamento repentino, mas uma restauração rápida. A primeira foi repentina, a segunda será rapidamente restaurada.

Para explicar o que estou afirmando, vamos voltar ao espaço de tempo entre Moisés e o Rei Davi. Moisés construiu o tabernáculo, que representava a ordem divina, então a glória do Senhor foi revelada de uma forma poderosa e intensa. Ela foi repentina e tremenda. Mal Moisés havia concluído o trabalho, o tabernáculo foi envolvido em uma grossa nuvem da glória de Deus.

Essa glória finalmente desvaneceu devido ao pecado e à indiferença para com o Senhor. Esta diminuição e desvanecimento gradual continuaram até que Israel chegou ao fundo do poço sob a liderança de Eli. A lâmpada de Deus estava próxima de se apagar, e a Sua glória havia partido.

No dia em que Eli e seus filhos morreram, a arca de Deus foi capturada pelos filisteus. Eles levaram a arca para a cidade de Asdode, onde o deus deles, Dagon, ficava. Mas a mão do Senhor foi contra Dagon. A estátua do deus deles caiu, com as mãos e pés quebrados diante da arca de Deus. Os filisteus mudaram a arca para cinco cidades. Onde quer que eles levassem a arca, os filisteus eram acometidos de tumores e morte. A devastação era tão grande que a agonia dos gritos da quinta cidade chegaram aos céus (Ver 1 Samuel 5).

Depois de sete meses, os governantes filisteus se reuniram com os seus sacerdotes e adivinhos para decidirem como enviar a arca de volta para Israel. Eles queriam honrar o Deus de Israel com uma oferta pela culpa feita de cinco ratos e tumores de ouro, representando as suas cinco cidades e seus governantes. Eles oraram pedindo que Deus levantasse a Sua mão e retirasse o castigo de sobre eles. Depois de colocar aqueles objetos de ouro em um cofre, eles colocaram o cofre ao lado da arca em um carro novo conduzido por duas vacas que haviam acabado de dar à luz bezerros. Os bezerros dessas vacas foram colocados em um redil. Os filisteus calcularam: Se as vacas levarem este carro para o território distante do mugido dos seus bezerros, então saberemos que foi Deus quem nos atingiu. As vacas levaram a arca diretamente para o território de Israel, onde permaneceu sem ser perturbada na casa de Abinadabe, na cidade de Quiriate-Jearim, por vinte anos. É interessante notar que o primeiro rei de Israel, Saul, nunca procurou recuperar a arca de Deus para Israel.

A Restauração da Glória de Deus a Israel

Após o reinado de Saul, o Rei Davi sentou-se no trono. O seu coração buscava a Deus e ansiava pela restauração da Sua glória a Israel.

Mas essa glória não foi manifesta da mesma forma como foi com Moisés. Ela não foi repentina e poderosa, mas foi um processo de restauração.

Esse processo de restauração começou anos antes com o profeta Samuel. Deus o comissionou para preparar o caminho chamando as pessoas de volta ao coração de Deus. A sua mensagem era o palpitar do coração de todos os verdadeiros profetas.

> Falou Samuel a toda a casa de Israel dizendo: Se é de todo o vosso coração que voltais ao Senhor, tirai dentre vós os deuses estranhos... e preparai o vosso coração ao Senhor, e servi a ele só, e ele vos livrará".
>
> - 1 SAMUEL 7:3

Quando Davi se tornou rei, tomou Jerusalém derrotando os filisteus. Então ele procurou recuperar a arca ao seu lugar de direito. "Consultou Davi os capitães de mil, e os de cem, e todos os príncipes" (1 Cr 13:1). Eles discutiram, reunindo todo Israel para este evento. "Então toda a congregação concordou em que assim se fizesse; porque isso pareceu justo aos olhos de todo o povo" (v.4).

Leia com atenção o que eles fizeram em seguida:

> Puseram a arca de Deus num carro novo e a levaram da casa de Abinadabe.
>
> - 2 SAMUEL 6:3

De onde os israelitas tiraram a ideia de levarem a arca de volta para Jerusalém em um "carro novo"? Não foi exatamente esta a maneira como os filisteus a haviam enviado de volta para Israel?

Eles levaram a arca da casa de Abinadabe com dois homens, Aiô e Uzá, dirigindo o carro. "Davi e toda a casa de Israel alegravam-se perante o Senhor, com toda sorte de instrumentos" (v. 5). 1 Crônicas 13:8 nos diz que eles fizeram isso com toda a sua força! Mas veja o que aconteceu:

> Quando chegaram à eira de Nacom, estendeu Uzá a mão à arca de Deus e a segurou, porque os bois tropeçaram. Então, a ira do Senhor se acendeu contra Uzá, e Deus o feriu ali pelo seu erro; e morreu ali junto à arca de Deus.
>
> - 2 SAMUEL 6:6-7, NKJV

A versão inglesa New King James traz uma marcação ao lado da palavra *erro*. Segui a indicação e encontrei a palavra *irreverência*. Outra tradução diz: "Deus o feriu ali por sua irreverência!"

Impressionante! Apenas uma geração antes, dois homens estavam cometendo adultério na porta do tabernáculo onde a arca habitava. A irreverência deles era flagrante e excedia em muito a deste homem, que simplesmente estendeu a mão para firmar a arca. Os sacerdotes imorais não foram julgados imediatamente pelo se comportamento, mas este homem, Uzá, sim. Por quê? No caso dos filhos de Eli, a glória havia partido. Com Uzá, a glória de Deus estava retornando. Quanto maior é a glória manifesta de Deus, mais rápido e mais severo é o Seu julgamento pela irreverência.

Com Medo de Deus

> Desgostou-se Davi, porque o Senhor irrompera contra Uzá... Temeu Davi ao Senhor, naquele dia, e disse: Como virá a mim a arca do Senhor?
>
> - 2 SAMUEL 6:8-9

Não faltou paixão a Davi, a seus líderes e ao povo de Israel. Tinha havido muita preparação para recuperar a arca para Israel. Quando a arca foi recuperada por Israel, o povo tocou música com toda sua força. Eles acreditavam que estavam honrando a Deus ao levarem a arca em um carro novo. Davi escolheu os dois homens que dirigiriam o carro. Então, você pode entender o choque que Davi teve quando Deus feriu de morte um dos seus homens escolhidos.

O choque de Davi logo se transformou em ira. Davi pode ter questionado: *Por que Deus fez isto? Por que Ele não apreciou o nosso zelo, mas o rejeitou com tamanho julgamento?* Davi deve ter pensado: *Fiz tudo que podia para honrar a Deus, e o meu melhor foi considerado inaceitável!* Depois de pensar muito, sua ira transformou-se em medo. Ele ficou com medo de Deus (Isso não é o mesmo que o temor de Deus. Os que têm medo afastam-se Dele, mas aqueles que o temem se aproximam Dele. Veremos isso mais tarde neste livro). Davi deve ter se perguntando: *Se o meu melhor foi julgado inaceitável, como a arca do Senhor virá a mim?*

Todas as vezes que fiquei frustrado ou zangado com o Senhor, rapidamente afirmei a mim mesmo que isto foi devido à minha própria falta de conhecimento ou de entendimento, pois os caminhos de Deus são perfeitos. Aprendi que uma pessoa pode ter um enorme zelo e ainda assim não ter conhecimento. O zelo e a paixão, se não forem temperados pela sabedoria e o conhecimento, sempre causam problemas. Além disso, aprendi que é minha responsabilidade buscar o conhecimento de Deus (Pv 2:1-5).

RESPONSABILIDADE NEGLIGENCIADA

Davi estava zangado com o Senhor, mas o julgamento havia ocorrido devido a uma falta de entendimento por parte de Davi e de seus líderes. Moisés disse:

> Estes, pois, são os mandamentos, os estatutos e os juízos que mandou o Senhor, teu Deus, se te ensinassem, para que os cumprisses na terra a que passas para a possuir; para que temas ao Senhor, teu Deus.
>
> - DEUTERONÔMIO 6:1-2

Moisés deu uma direção clara: para temer a Deus temos de conhecer os Seus caminhos e obedecê-los acima de tudo. Esta ordem não foi dada apenas aos filhos de Israel, mas Deus deu ordens específicas também ao rei.

> Também, quando se assentar no trono do seu reino, escreverá para si um traslado desta lei num livro, do que está diante dos levitas sacerdotes. E o terá consigo e nele lerá todos os dias da sua vida, para que aprenda a temer o Senhor, seu Deus.
> - DEUTERONÔMIO 17:81-19

O rei deveria ler a Palavra de Deus todos os dias. Por quê? A sabedoria e a honra de Deus deveriam ser estabelecidas no seu coração para que ele estimasse os caminhos de Deus acima das ideias dos homens. O erro de Davi e de seus líderes poderia ter sido evitado.

Davi e seus homens se reuniram para discutir como eles *achavam* que a arca deveria ser levada de volta. Não há menção sobre eles terem consultado a Palavra escrita de Deus que havia sido transmitida por Moisés. Se Davi e os sacerdotes tivessem lido o conselho da Palavra de Deus, eles teriam entendido que os únicos que podiam carregar a arca de Deus eram os Levitas, não através de um carro, mas suspensa por varas e carregada nos ombros deles (Ex 25:14; Nm 4:15; 7:9). Esta falta de conhecimento fez com que os israelitas copiassem a maneira dos gentios, ou do mundo, carregar a presença do Senhor. Os filisteus eram ignorantes quando enviaram a arca de volta sobre um carro, mas a Israel haviam sido confiados os oráculos de Deus; portanto, eles eram responsáveis.

O resultado da negligência deles em buscarem o conselho de Deus através da Sua Palavra foi que a imagem da glória de Deus foi reduzida mais uma vez à percepção do homem corruptível. Foi por isso que os israelitas honraram a Deus com o mesmo método usado por aqueles que não tinham conhecimento de Deus. Eles copiaram o homem em vez de receberem sua inspiração de Deus. Eles foram zelosos, mas Deus ainda considerava seus métodos irreverentes.

Qual é a Fonte da Nossa Inspiração?

Estamos cometendo o mesmo erro hoje. Às vezes as ideias do nosso ministério são forjadas por uma reunião de homens. Ali, extraímos recursos dos poços da nossa sabedoria limitada, conciliando os nossos conselhos, que foram inconscientemente influenciados por tendências culturais. Essas tendências estão bem diante de nós e são mais fáceis de acessar do que esperar que Deus nos revele a Sua vontade. Embora muitas ideias novas e frescas estejam surgindo, será que sabemos sempre de onde a nossa inspiração está vindo? Substituímos o conhecimento de Deus pelas técnicas motivacionais criadas pelo homem não regenerado.

Como observado nas Escrituras, a música exerce um papel chave expressivo para se cultivar uma atmosfera para a presença do Senhor. Ela tem a capacidade de abrir e preparar o coração das pessoas. Há alguns anos, muito do que era chamado de "música cristã contemporânea" era inspirado na música demoníaca do mundo. Se o mundo tinha rock pesado, a igreja também tinha! Quando o rap chamou a atenção do mundo, os artistas cristãos o copiaram. Naturalmente, as palavras eram diferentes – mas a batida e a apresentação eram as mesmas.

Alguns argumentaram: "Mas estamos usando a música para alcançar os perdidos, e assim, precisamos dar à música uma embalagem aceitável aos pecadores". Isso pode ser verdade em alguns casos, mas quando jovens adultos estão tão estimulados pelo mundo, eles tendem a desprezar exatamente aquilo de que mais precisam.

Sou muito grato porque hoje temos uma música cristã maravilhosa, realmente cheia do espírito da adoração, que não apenas é relevante e está sendo recebida pela igreja, mas também está exercendo um impacto no mundo. Que Deus possa continuar a levantar jovens artistas cristãos santos que se recusam a fazer concessões com os métodos mundanos, mas que, com sua música de adoração, nos levarão ao coração de Deus.

As pessoas gostam de entretenimento. Os americanos assistem em média quarenta e cinco horas de TV por semana. Algumas igrejas tentaram atrair as pessoas do mesmo modo que o mundo. Na igreja, aprendemos a atrair as pessoas apelando para o seu desejo de serem entretidas. Desta prática surgiu o que chamamos de igrejas "light", ou igrejas "liberais". Após pregar em algumas dessas igrejas, descobri que muitas vezes a sensibilidade delas à vontade dos homens se transformou em insensibilidade a Deus. Essas igrejas podem atrair grandes multidões, mas será que vale a pena quando o preço é ofender a Deus?

Preguei em igrejas que gastam milhares de dólares anualmente para entreter o povo. A juventude delas é entretida com jogos de pinball, hóquei, futebol, e até Nintendo. Depois, os líderes das igrejas se perguntam por que não há um mover de Deus no departamento da juventude e ficam perplexos com o número de adolescentes grávidas. O grau de frequência à igreja é alto, mas onde os frutos do Espírito estão sendo manifestados na vida desses jovens?

Esta inspiração cultural não se limita à liderança, mas afetou muitos crentes também. Vamos ver um exemplo. Muitas pessoas na nossa sociedade respeitam as autoridades somente quando concordam com elas. Há adesivos de carros que dizem: "Questione a Autoridade!" Isso não se limita ao mundo, mas algumas igrejas também adotaram esta mentalidade. Elas respeitam e obedecem às autoridades somente quando concordam com elas. Poderíamos até pensar que o reino de Deus mudou, passando a ser uma democracia! É alarmante que esta atitude se estenda para além da autoridade delegada, pois as pessoas honram a Deus com a mesma indiferença. Se gostam do que Ele está fazendo na vida delas, elas o louvam; se não, elas reclamam.

A lista é quase interminável. O ponto é que muito da maneira como ministramos ao Senhor é inspirada pelo mundo. O que faremos no fim? O que acontecerá com os nossos caminhos?

Busque o Conhecimento de Deus

Há muitas pessoas que clamam para que Deus restaure a Sua glória. Elas estão orando pelas últimas chuvas (Zc 10:1). Elas estão se submetendo ao processo de purificação de Deus e não reclamando quando passam por provações. Elas não murmuram no deserto que estão atravessando espiritualmente. Em breve elas se regozijarão, pois Deus não reterá a Sua glória daqueles que têm fome Dele.

Essas pessoas contrastam com aquelas que buscam o conforto e o sucesso. Outras ficam presas no meio – elas buscam a presença de Deus, mas como Davi, o zelo delas não está de acordo com o conhecimento. Elas buscam a Deus da maneira delas... segundo a sua própria sabedoria. Elas ainda precisam entender a glória e a santidade daquele a quem desejam.

Não podemos ignorar as Escrituras que trazem correção, instrução e ajustes, e que conduzem à santidade. Ouça as palavras de Oséias:

> Vinde, e tornemos para o Senhor, porque ele nos despedaçou e nos sarará; fez a ferida e a ligará. Depois de dois dias, nos revigorará; ao terceiro dia, nos levantará, e viveremos diante dele.
>
> - OSÉIAS 6:1-2

Essa passagem é uma escritura profética que descreve o processo de refinamento de Deus na Sua igreja, preparando-a para a Sua glória. Ele feriu, mas Ele curará. Um dia com o Senhor é igual a mil dos nossos anos (2 Pe 3:8). Dois dias inteiros se passaram (dois mil anos) desde a ressurreição do Senhor. Estamos chegando ao tempo em que Deus revigorará e restaurará a Sua glória ao Seu templo. O terceiro dia fala do reino milenar de Cristo por mil anos, quando Ele viverá e reinará diante dos nossos olhos. Oséias dá maiores instruções sobre como viver e o que buscar enquanto nos preparamos para a Sua glória:

> Conheçamos e prossigamos em conhecer ao Senhor; como a alva, a sua vinda é certa; e ele descerá sobre nós como a chuva, como chuva serôdia que rega a terra.
>
> - OSÉIAS 6:3

Oséias nos assegura que a Sua gloriosa vinda é tão certa como o nascer do sol pela manhã. Há um tempo determinado, quer estejamos prontos ou não. A nossa busca deve ser o conhecimento do Senhor. Davi e seus homens tinham fome da presença do Senhor, mas lhes faltava o conhecimento de Deus. Esse conhecimento poderia ter impedido a morte instantânea de Uzá. Hoje não é diferente. Somos avisados:

> Filho meu, se aceitares as minhas palavras e esconderes contigo os meus mandamentos, para fazeres atento à sabedoria o teu ouvido e para inclinares o coração ao entendimento, e, se clamares por inteligência, e por entendimento alçares a voz, e buscares a sabedoria como a prata e como a tesouros escondidos a procurares, então, entenderás o temor do Senhor e acharás o conhecimento de Deus.
>
> - PROVÉRBIOS 2:1-5

O caminho para a vida é deixado bem claro. Se alguém lhe dissesse que havia dez milhões de dólares escondidos em algum lugar em sua casa, você procuraria por eles sem parar até encontrar o tesouro escondido. Se necessário, você levantaria os tapetes, abriria paredes de gesso, e até colocaria a casa abaixo para encontrar tanto dinheiro. Como são mais importantes as palavras de vida!

Quando a nossa inspiração vem do mundo, estamos extraindo a sabedoria dos homens e dos adivinhos. A reverência por Deus só é ensinada pelas ordens ou diretrizes dos homens. Sem buscarmos o conhecimento de Deus, nos encontraremos vez após vez na mesma situação de Uzá – cheios de boas intenções, mas ofendendo a Sua glória.

Com o aumento da glória de Deus nos últimos dias, haverá novos relatos de coisas acontecendo, semelhantes às que aconteceram com Ananias e Safira. Esse não é o desejo de Deus nem o propósito da restauração da Sua glória. Esse julgamento é simplesmente o resultado de não respeitarmos e honrarmos adequadamente a grandeza da Sua glória. De acordo com o nível da glória revelada, nesse mesmo nível o julgamento será executado, sempre que a glória de Deus for tratada com irreverência e desrespeito.

Corações Fortalecidos

Olhando novamente o livro de Tiago, encontramos a mesma advertência:

> Sede, pois, irmãos, pacientes, até à vinda do Senhor. Eis que o lavrador aguarda com paciência o precioso fruto da terra, até receber as primeiras e as últimas chuvas. Sede vós também pacientes e fortalecei o vosso coração, pois a vinda do Senhor está próxima.
>
> - TIAGO 5:7-8

Observe que Tiago nos diz para sermos pacientes. A palavra grega na verdade significa "suportar e não desanimar". Então Tiago diz: "Fortalecei o vosso coração". Em outras palavras, "coloquem o seu coração na ordem divina e mantenham esse estado". Se não, poderíamos nos encontrar do lado do julgamento da Sua glória. Tanto Paulo quanto Pedro nos instruem a como fortalecer o nosso coração:

> Ora, como recebestes Cristo Jesus, o Senhor, assim andai nele, nele radicados, e edificados, e confirmados na fé, tal como fostes instruídos, crescendo em ações de graças.
>
> - COLOSSENSES 2:6-7

Quando a submissão ao senhorio de Jesus nos fortalece, então podemos nos apegar ao que nos foi ensinado nas Escrituras pelo Espírito. Pedro reafirma isso dizendo:

> Por esta razão, sempre estarei pronto para trazer-vos lembrados acerca destas coisas, embora estejais certos da verdade já presente convosco e nela confirmados.
>
> - 2 PEDRO 1:12

Pedro está dizendo: "...trazer-vos lembrados". Ele sabia a importância de estar confirmado na verdade presente. Pedro sabia por experiência própria como era fácil se desviar da verdade. Como o discípulo que recebeu a revelação de quem Jesus era, apenas para negar conhecer o Messias dentro de poucos meses após aquela incrível revelação, Pedro sabia o que era se desviar da verdade.

Não é suficiente apenas buscar o conhecimento de Deus. Para continuarmos nele, precisamos vivê-lo. Com frequência, nos alimentamos do que Deus fez no passado e deixamos de experimentá-lo no presente. Ainda citamos escrituras e temos um bom discurso, mas nos falta a fome pelos Seus caminhos.

Precisamos voltar à natureza ensinável do nosso primeiro amor. Quando nós o encontramos pela primeira vez, líamos nossas Bíblias e ouvíamos as mensagens com grande ansiedade, desejando que o nosso Senhor, o objeto do nosso amor, pudesse ser revelado em uma dimensão maior. Contudo, cedo demais começamos a escorregar para este tipo de atitude: "Vamos ver o que este ministro tem a dizer". O motivo oculto por trás da nossa atitude era o de desconsiderar a verdade dessa pregação, justificando a nossa apatia dizendo: "Já sei disso" ou "Já ouvi tudo isto antes!" Outro sintoma desta atitude é ouvirmos ou lermos para extrairmos o que queremos, em vez de experimentarmos os caminhos de Deus e de procurarmos uma revelação mais profunda do Seu coração. Somos avisados:

> Por esta razão, importa que nos apeguemos, com mais firmeza, às verdades ouvidas, para que delas jamais nos desviemos.
>
> - HEBREUS 2:1

Muitos estão se desviando em nossas igrejas porque não estão ancorados ou firmados no conhecimento de Deus. Eles perderam o desejo de buscar o conhecimento de Deus. Os apóstolos e os profetas previram esta apostasia e nos advertiram diligentemente a permanecermos firmes para que pudéssemos ter alegria no final.

É assustador imaginar o que acontecerá quando os corações não estiverem em ordem. Muitos perderão a benção da glória de Deus, enquanto outros serão levados a julgamento!

O Tabernáculo Restaurado de Davi

Quando Davi viu o que aconteceu com Uzá, ele voltou para Jerusalém e buscou diligentemente o conhecimento de Deus. Três meses depois, ele fez uma proclamação:

> Então disse Davi: "Ninguém pode levar a arca de Deus, senão os levitas; porque o Senhor os elegeu, para levarem a arca de Deus e o servirem para sempre".
>
> - 1 CRÔNICAS 15:2

Desta vez não houve reunião de homens para discussão. Quando Davi descobriu o conselho de Deus sobre o assunto, ele o colocou em andamento com ousadia. Ele convocou Israel e separou os descendentes de Arão e os levitas. Ele disse a esses sacerdotes:

> Vós sois os cabeças das famílias dos levitas; santificai-vos, vós e vossos irmãos, para que façais subir a arca do Senhor, Deus de Israel, ao lugar que lhe preparei. Pois visto que não a levastes na primeira vez, o Senhor, nosso Deus, irrompeu contra nós, porque, então, não o buscamos, segundo nos fora ordenado.
>
> - 1 CRÔNICAS 15:12-13

A ordem adequada para aqueles sacerdotes exigia que eles se santificassem e prescrevessem a estrutura externa e natural para transportar a arca – a presença de Deus. Desta vez, a arca foi levada a Jerusalém, para o tabernáculo que Davi havia preparado, e mais uma vez a glória de Deus foi restaurada a Israel. A ordem correta para levarmos a Sua presença encontra-se nas profundezas do coração. É dentro do coração que devemos nos preparar, pois Deus está para revelar a Sua glória na terra como ela nunca foi vista antes. Ele declara:

> Porém, tão certo como eu vivo, e como toda a terra se encherá da glória do Senhor...
>
> – NÚMEROS 14:21

Quando Deus fez esta declaração, Ele estava entristecido pelo fato de que o Seu povo não queria crer nele ou obedecer-lhe. A implicação é que haverá um tempo no futuro quando o Seu povo o temerá e, portanto, obedecerá incondicionalmente. Esses crentes manifestarão a Sua glória, pois eles serão o templo da Sua glória. Mais tarde, Deus falou através do profeta Isaías:

> Dispõe-te, resplandece, porque vem a tua luz, e a glória do Senhor nasce sobre ti. Porque eis que as trevas cobrem a terra, e a escuridão os povos; mas sobre ti aparece resplendente o Senhor, e a Sua glória se vê sobre ti. As nações se encaminham para a tua luz, e os reis, para o resplendor que te nasceu.
>
> – ISAÍAS 60:1-3

Observe que Isaías diz: "A glória do Senhor nasce sobre ti". Mas também ouvimos falar da glória descrita como a última chuva. Deus falou comigo em oração e comparou a liberação da Sua última chuva à inundação de Noé. A Bíblia diz: "Romperam-se todas as fontes do grande abismo, e as comportas do céu se abriram" (Gn 7:11). A Sua glória restaurada se levantará sobre aqueles que prepararam o seu coração para

Ele, e ela cairá sobre as nações do mundo. Nenhuma cidade deixará de ser afetada pela última chuva do Seu Espírito.

Deus diz que a Sua glória será restaurada ao Seu povo, e até os incrédulos serão atraídos para a Sua luz. Amós disse:

> Naquele dia, levantarei o tabernáculo caído de Davi, repararei as suas brechas; e levantando-o das suas ruínas, restaurá-lo-ei como fora nos dias da antiguidade.
>
> - AMÓS 9:11

A glória de Deus será restaurada à igreja e excederá a glória que havia nos dias de Davi. Tiago citou esta escritura aos líderes da igreja e aplicou-a aos últimos dias dizendo:

> Expôs Simão como Deus, primeiramente, visitou os gentios, a fim de constituir dentre eles um povo para o seu nome. Conferem com isto as palavras dos profetas, como está escrito: "Cumpridas estas coisas, voltarei e reedificarei o tabernáculo caído de Davi; e levantando-o de suas ruínas, restaurá-lo-ei. Para que os demais homens busquem o Senhor, e também todos os gentios sobre os quais tem sido invocado o meu nome, diz o Senhor, que faz estas coisas conhecidas desde os séculos".
>
> - ATOS 15:14-18

Pelo Espírito, Tiago viu esta grande colheita de crentes vindo para o reino com a restauração da glória de Deus. Ele fala profeticamente, mas não concluiu a mensagem de Amós, pois isto se aplicava especificamente ao nosso tempo. Vejamos a conclusão da mensagem de Amós:

> "Eis que vêm dias", diz o Senhor, "em que o que lavra segue logo ao que ceifa, e o que pisa as uvas, ao que lança a semente; os montes destilarão mosto, e todos os outeiros se derreterão".
>
> - AMÓS 9:13

Deus diz que a colheita será tão abundante que o que ceifa estará tão sobrecarregado de trabalho que não será capaz de concluir a obra antes que o que ara venha para preparar os campos para uma nova estação. A versão *New Living Translation* diz:

> "Virá o tempo", diz o Senhor, "em que o grão e as uvas crescerão mais rápido do que podem ser colhidos".

Basicamente, Deus está descrevendo uma colheita tão abundante que será avassaladora. Glória a Deus! Aguarde ansiosamente este dia, pois ele está se aproximando rapidamente. O tempo é curto. Não resista à Sua obra purificadora nem negligencie o conhecimento do Senhor.

À medida que escrevia este livro, tive uma enorme consciência de sua importância e de ser este o momento oportuno para escrevê-lo. Ele é um grito do Espírito à igreja. Sua mensagem é: "Preparem o caminho do Senhor, preparando o Seu povo para a Sua glória!" À medida que Deus restaura a Sua glória, que sejamos sábios e aprendamos com Davi e seus homens. Esses acontecimentos foram registrados para muito mais do que fins históricos, pois nos é dito: "Pois tudo quanto, outrora, foi escrito, para o nosso ensino foi escrito" (Rm 15:4).

Agora que estabelecemos as fundações para a compreensão dos tempos, é hora de investigarmos a importância de aprendermos a andar no temor do Senhor.

*A pessoa que teme a Deus
treme diante da Sua palavra
e na Sua presença.*

ONZE

A CAPACIDADE DE VER

Quem dera que eles tivessem tal coração, que me temessem e guardassem em todo o tempo os meus mandamentos, para que bem lhes fosse a eles e a seus filhos, para sempre!

- DEUTERONÔMIO 5:29

Frequentemente ouvimos mensagens extraídas da primeira carta de Paulo à igreja de Corinto. Este livro da Bíblia é mencionado muitas vezes, principalmente nos círculos renovados espiritualmente. A igreja de Corinto foi estabelecida aproximadamente em 51 A.D.* (muitos anos após o Dia de Pentecostes) e era muito aberta aos

---

* **A.D** é a forma abreviada da expressão **Anno Domini** (em Latim "ano do Senhor"). É uma expressão utilizada para marcar os anos seguintes ao ano 1 do calendário utilizado por nós no Ocidente. Na maioria de nossos textos em português é mais usual utilizar a abreviatura **"d.C."** - ou seja, **"depois de Cristo"** para o mesmo efeito. (N.T)

dons espirituais, e portanto se beneficiava grandemente deles. A unção do Espírito Santo era forte entre os seus membros, como em muitas de nossas igrejas de hoje.

A segunda epístola de Paulo ao corpo da igreja em Corinto não é mencionada com tanta frequência quanto a primeira. Esta carta contém uma ênfase maior na ordem divina, no temor do Senhor, e na consequente restauração da Sua glória. Se for lida no seu contexto, esta carta traz uma mensagem forte e empolgante para os crentes de hoje. Enquanto examinamos uma porção dela, tenha em mente que 2 Coríntios foi escrito para pessoas que não eram estranhas à unção e que frequentemente exerciam seus dons espirituais.

A Glória da Antiga Aliança x a Nova

Em ambas as cartas aos Coríntios, Paulo se referiu muitas vezes à fuga dos filhos de Israel do Egito e à revelação da glória de Deus a eles no deserto. A experiência deles também pertence a nós, pois tudo que aconteceu aos israelitas no sentido natural foi modelo e sombra do que nós experimentaríamos na esfera do Espírito. Paulo enfatiza:

> Todos estes acontecimentos sobrevieram a eles como exemplos para nós. Eles foram escritos para nos advertir, a nós que vivemos nos tempos em que esta era se aproxima do fim.
> - 1 CORÍNTIOS 10:11, NLT

A primeira carta de Paulo tratava de muitos elementos fundamentais da ordem divina do coração para o povo de Deus. A sua segunda carta foi ainda mais fundo. Ele seguiu em frente falando sobre o desejo de Deus de revelar a Sua glória e de habitar no coração do Seu povo. Paulo começou comparando a glória de Deus no deserto com a Sua glória revelada na Nova Aliança.

Em contraste, ele escreve:

> Aquele antigo sistema da lei gravado em pedras levava à morte, mas começou com tamanha glória que o povo de Israel não podia suportar olhar o rosto de Moisés. Pois o seu rosto brilhava com a glória de Deus, embora o brilho já estivesse se desvanecendo. Não deveríamos esperar muito maior glória quando o Espírito Santo está dando vida?
>
> - 2 CORÍNTIOS 3:7-8, NLT

No monte, Moisés contemplou a forma do Senhor e falou com Ele como um homem fala com o seu amigo. Quando desceu do monte, Moisés cobriu seu rosto porque o brilho de sua face aterrorizava as pessoas. A fisionomia de Moisés refletia que ele havia estado na presença da glória de Deus.

Na Nova Aliança, o plano de Deus não é que nós *reflitamos* a Sua glória, mas que a Sua glória *seja vista em nós!* Uma coisa é refletir algo, mas outra bem diferente é habitar nela e emiti-la! Este é o objetivo definitivo de Deus!

Foi por isso que Paulo pôde dizer:

> Na verdade, aquela primeira glória não era absolutamente gloriosa se comparada com a glória avassaladora da nova aliança.
>
> - 2 CORÍNTIOS 3:10, NLT

Embora a glória da Velha Aliança não se comparasse com a glória da Nova, a Velha ainda era tão tremenda que Paulo reitera: "Israel não podia olhar diretamente para o fim do que estava se desvanecendo" (v. 13). Mas então ele rapidamente lamenta:

> Mas os sentidos deles se embotaram.
>
> - 2 CORÍNTIOS 3:14

Como é trágico o fato deles não poderem ver exatamente aquilo de que precisavam tão desesperadamente! Paulo nos adverte para que não estejamos cegos e nos vejamos no mesmo dilema.

Então devemos perguntar: "Como os sentidos deles se embotaram?" A resposta traz o conhecimento e a sabedoria de que precisamos tão desesperadamente. Aquilo que nos falta é necessário para que andemos na glória de Deus!

Para obtermos a nossa resposta, precisamos voltar ao período específico que Paulo menciona.

O Temor de Deus x O Medo de Deus

Israel havia acabado de fugir do Egito e estava sendo conduzido por Moisés ao Monte Sinai, onde Deus revelaria a Sua glória.

> Disse também o Senhor a Moisés: "Vai ao povo e purifica-o hoje e amanhã. Lavem eles as suas vestes e estejam prontos para o terceiro dia; porque no terceiro dia o Senhor, à vista de todo o povo, descerá sobre o monte Sinai".
>
> - ÊXODO 19:10-11

Essa mensagem era profética, pois ela fala também dos nossos dias. Antes que Deus manifestasse a Sua glória, o povo devia se santificar. Isso incluía lavar as suas vestes. Lembre-se que um dia com o Senhor é como mil de nossos anos. Agora estamos quase a dois mil anos (dois dias) desde a ressurreição do Senhor Jesus Cristo. Deus disse que durante aqueles dois mil anos (dois dias), a Sua igreja deveria se consagrar, ou se separar do mundo preparando-se para a Sua glória. As nossas vestes deviam ser limpas da sujeira do mundo (2 Co 6:16; 7:1). Deveríamos nos tornar a Sua noiva sem mancha. Depois dos dois mil anos, Ele novamente manifestará a Sua glória.

Agora, leia o relato do que aconteceu na manhã do terceiro dia:

> Ao amanhecer do terceiro dia, houve trovões e relâmpagos, e uma espessa nuvem sobre o monte, e mui forte clangor de trombeta, de maneira que todo o povo que estava no arraial se estremeceu. E Moisés levou o povo fora do arraial ao encontro de Deus; e puseram-se ao pé do monte. Todo o Monte Sinai fumegava, porque o Senhor descera sobre ele em fogo; a sua fumaça subiu como fumaça de uma fornalha, e todo o monte tremia grandemente.
>
> - ÊXODO 19:16-18

Deus se manifestou não apenas visualmente, mas também de forma audível, por meio de voz e som. Quando Moisés falava, Deus lhe respondia de modo que todos podiam ouvir. Frequentemente nos referimos a Deus hoje como nosso amigo em um sentido relapso, como se Ele fosse quase um colega nosso. Se pudéssemos apenas vislumbrar o que Moisés e os filhos de Israel viram, mudaríamos de forma expressiva a nossa forma de vê-lo. Ele é o Senhor, e Ele não mudou! Leia com atenção a reação do povo quando Deus veio:

> Todo o povo presenciou os trovões, e os relâmpagos, e o clangor da trombeta, e o monte fumegante; e o povo, observando, se estremeceu e ficou de longe. Disseram a Moisés: "Fala-nos tu, e te ouviremos; porém não fale Deus conosco, para que não morramos". Respondeu Moisés ao povo: "Não temais; Deus veio para vos provar e para que o seu temor esteja diante de vós, a fim de que não pequeis".
>
> - ÊXODO 20:18-20

Observe que o povo tremeu e recuou. Elas não queriam mais ouvir a voz audível de Deus. Nem queriam olhar ou estar na presença da Sua glória – eles não conseguiam suportá-lo.

Moisés rapidamente os advertiu: "Não temais...", encorajando-os para voltarem à presença de Deus enquanto explicava que Deus havia vindo para testá-los.

Por que Deus nos testa? Para descobrir o que está em nosso coração? Absolutamente não. Ele já sabe o que está escondido em nosso coração. Ele nos testa para que *nós* possamos saber o que está em nosso coração. Qual era o propósito do teste apresentado aos israelitas? Que eles soubessem se temiam a Deus ou não. Se eles o temessem, eles não pecariam. O pecado acontece sempre que nos afastamos Dele.

Moisés disse: "Não temais". Então ele disse que Deus havia vindo "... para que o seu temor esteja diante de vós". Este versículo faz uma distinção entre *ter medo de Deus* e *temer a Deus*. Moisés temia a Deus, mas o povo não. Esta é uma verdade infalível: se não temermos a Deus, teremos medo quando Ele revelar a Sua glória, pois todo joelho se dobrará diante Dele, se não for por santo temor, será de terror (2 Co 5:10-11).

> O povo estava de longe, em pé; Moisés, porém, se chegou à nuvem escura onde Deus estava.
>
> - ÊXODO 20:21

Veja a diferença nas reações à glória manifesta de Deus: Israel recuou, mas Moisés se aproximou. Isso ilustra as diferentes reações dos crentes de hoje.

SEMELHANTE EM MUITOS ASPECTOS

É importante entendermos que os israelitas não eram tão diferentes da nossa igreja moderna.

- *Todos eles saíram do Egito*, o que tipifica a salvação.
- *Todos eles experimentaram e se beneficiaram com os milagres de Deus*, assim como muitos na igreja.

- *Todos eles foram libertos dos seus opressores,* o que muitos na igreja de hoje também experimentaram.
- *Eles ainda desejavam o seu antigo estilo de vida* – se pudessem tê-lo sem o cativeiro que sofriam anteriormente. Com que frequência vemos isto na igreja de hoje? As pessoas são salvas e libertas, mas o coração delas nunca abandona o estilo de vida do mundo, embora esse estilo de vida as leve ao cativeiro.
- *Eles tiveram a experiência de ver a riqueza do pecador ser entregue por Deus nas mãos dos justos.* A Bíblia relata: "Então fez sair o seu povo, com prata e ouro" (Sl 105:37). Mas eles usaram essa benção de Deus para construir um ídolo! Será que não fazemos o mesmo hoje? Ouvimos falar de milagres financeiros, mas muitas vezes os que são mais abençoados acabam colocando seu afeto e sua força nas bênçãos materiais e financeiras em vez de no Senhor que os abençoou.
- *Eles experimentaram o poder curador de Deus,* pois quando deixaram o Egito, a Bíblia declara: "Entre as suas tribos não havia um só inválido" (Sl 105:37). Isso é ainda melhor do que as maiores cruzadas de milagres dos nossos dias. Moisés deixou o Egito com três milhões de pessoas fortes e saudáveis. Você pode imaginar uma cidade de três milhões de pessoas sem nenhum enfermo ou no hospital? Os israelitas haviam servido sob sofrimento durante quatrocentos anos. Imagine as curas e os milagres que ocorreram quando eles comeram o cordeiro da Páscoa!

Os israelitas não eram estranhos ao poder salvador, curador, realizador de milagres e libertador de Deus. Na verdade, eles comemoravam apaixonadamente sempre que Deus se movia milagrosamente em favor deles. Eles dançavam e louvavam tanto quanto nós fazemos hoje em nossos cultos pentecostais renovados (Ex 15:1, 20). É interessante notar que os israelitas eram atraídos às manifestações milagrosas de Deus porque eram beneficiados por elas, mas tiveram medo e recuaram quando a Sua glória foi revelada!

E nós hoje, somos diferentes? Ainda somos atraídos pelos milagres. As pessoas viajam quilômetros e dão enormes ofertas, esperando receber porções dobradas de Deus nos cultos de milagres. Mas o que acontecerá quando a glória de Deus for revelada? Os corações serão expostos na Sua gloriosa presença. Podemos viver com pecados não detectados em meio a um ambiente de milagres, mas o pecado não pode se esconder diante da luz da glória revelada de Deus.

O Que Cegou o Povo

Quarenta anos mais tarde, a geração mais velha havia morrido no deserto, e Moisés fez um resumo para uma nova geração do que havia acontecido no monte onde Deus revelou a Sua glória.

> Sucedeu que, ouvindo a voz do meio das trevas, enquanto ainda ardia o monte em fogo, vos achegastes a mim, todos os cabeças das vossas tribos e vossos anciãos, e dissestes: "Eis aqui o Senhor, nosso Deus, nos fez ver a sua glória e a sua grandeza, e ouvimos a sua voz do meio do fogo; hoje, vimos que Deus fala com o homem, e este permanece vivo. Agora, pois, por que morreríamos? Pois este grande fogo nos consumiria; se ainda mais ouvíssemos a voz do Senhor, nosso Deus, morreríamos... Chega-te, e ouve tudo o que disser o Senhor, nosso Deus; e o ouviremos, e o cumpriremos".
>
> - DEUTERONÔMIO 5:23-27

Eles clamaram: "Não podemos nos aproximar da gloriosa presença de Deus ou ficarmos no meio Dele e viver". Eles queriam que Moisés ouvisse por eles, e prometeram ouvi-lo e fazer o que quer que Deus lhes dissesse para fazer! Eles tentaram viver de acordo com este padrão por milhares de anos, mas não conseguiram obedecer às Suas palavras. Será que somos diferentes hoje? Será que recebemos a Palavra de Deus do nosso pastor e dos pregadores, mas nos retiramos do monte de Deus? Temos medo de ouvir a Sua voz que revela o estado do nosso coração? Este estado do nosso coração não é diferente do estado do coração dos filhos de Israel.

Moisés ficou muito decepcionado com a reação de Israel. Ele não podia entender a falta de fome deles pela presença de Deus. Como eles podiam ser tão insensatos? Como podiam ser tão cegos? Moisés levou as suas preocupações à presença de Deus na esperança de um remédio para aquele estado. Mas veja o que aconteceu:

> Ouvindo, pois, o Senhor, as vossas palavras, quando me faláveis a mim, o Senhor me disse: "Eu ouvi as palavras deste povo, as quais te disseram; em tudo falaram eles bem".
>
> - DEUTERONÔMIO 5:28

Tenho certeza de que Moisés ficou chocado com a reação de Deus. Ele deve ter pensado: *O quê... o povo está certo? Pelo menos essa vez eles estão certos! Eles realmente não podem entrar na presença de Deus. Por quê?* Deus interrompeu com a resposta:

> Quem dera que eles tivessem tal coração, que me temessem e guardassem em todo o tempo os meus mandamentos, para que bem lhes fosse a eles e a seus filhos, para sempre!
>
> - DEUTERONÔMIO 5:29

Deus lamentou: "Quem dera que eles tivessem tal coração que me temessem..." Todos eles poderiam ter sido como Moisés, refletindo a glória de Deus e conhecendo os Seus caminhos, se eles tivessem corações que temessem a Deus como Moisés tinha! Mas o coração deles permaneceu obscurecido e suas mentes continuaram cegas exatamente para aquilo de que eles precisavam tão desesperadamente.

O que os cegou? A resposta é clara: eles não tinham um coração que temia ao Senhor. Isso ficou evidente pela desobediência deles aos mandamentos e à Palavra de Deus. Se compararmos Moisés com os filhos de Israel, encontraremos a diferença entre aquele que teme a Deus e aquele que não teme.

Tremendo Diante da Palavra de Deus

Uma pessoa que teme a Deus treme diante da Sua Palavra e da Sua presença (Is 66:2; Jr 5:22). O que significa tremer diante da Sua Palavra?

Podemos resumir tudo em uma declaração:

Obedecer a Deus voluntariamente mesmo quando parece mais vantajoso fazer concessões ou não obedecer à Sua Palavra.

Nossos corações precisam estar irredutivelmente firmados no fato de que Deus é bom. Ele não tem prazer em nos maltratar. Uma pessoa que teme a Deus sabe disso, pois conhece o caráter de Deus. É por isso que ele se aproximará de Deus mesmo quando os outros recuam aterrorizados.

Essa pessoa entende que qualquer dificuldade iminente ou imediata vinda pela mão de Deus trará o bem no final. A maioria das pessoas concorda mentalmente com isso, mas é nos tempos de dificuldades que aquilo que *realmente cremos* se revela claramente. Só então, à luz do fogo das provações, é que veremos a nossa fé como ela realmente é.

As dificuldades que Israel enfrentou expuseram o conteúdo do coração deles. Vamos examinar suas diferentes reações à Palavra de Deus. Os filhos de Israel obedeciam à Palavra de Deus desde que vissem o benefício imediato para eles. Mas no momento em que sofriam ou não podiam mais ver os benefícios, eles perdiam Deus de vista e reclamavam amargamente.

Durante séculos Israel havia orado e clamado por libertação de seus opressores egípcios. Eles ansiavam por voltar à terra da promessa. Deus enviou o libertador deles, Moisés. O Senhor disse a Moisés: "Desci a fim de livrá-lo da mão dos egípcios e para fazê-lo subir daquela terra a uma terra que mana leite e mel" (Ex 3:8).

Moisés compareceu perante Faraó e proclamou as palavras de Deus para "deixar o Seu povo ir". Mas Faraó respondeu aumentando as dificuldades deles. A palha já não seria mais fornecida para a opressora produção de tijolos que os escravos israelitas deviam apresentar. Eles teriam de apanhar a palha à noite e trabalhar de dia. O número total de tijolos não podia diminuir embora a palha lhes tivesse sido retirada. A palavra de Deus de liberdade havia aumentado o sofrimento deles. Eles reclamaram sob esta opressão e disseram a Moisés: "Deixe-nos em paz e pare de pregar a Faraó; você está tornando a nossa vida ainda pior".

Quando Deus finalmente os libertou do Egito, o coração de Faraó foi endurecido novamente, e ele perseguiu os israelitas no deserto com os seus melhores carros e guerreiros. Quando os hebreus viram que o Egito havia corrido atrás deles e que estavam encurralados diante do Mar Vermelho, eles reclamaram mais uma vez: "Não é isso o que te dissemos no Egito: Deixa-nos, para que sirvamos os egípcios? Pois *melhor nos fora* servir aos egípcios do que morrermos no deserto" (Ex 14:12, ênfase do autor).

Observe as palavras "melhor nos fora". Na essência, eles estavam dizendo: "Por que devemos obedecer a Deus quando isto só está nos deixando infelizes? Estamos pior e não melhor". Eles rapidamente compararam o estilo de vida anterior com a sua situação atual. Sempre que os dois não estavam equilibrados, os israelitas pensavam em voltar. Eles desejavam o conforto mais do que a obediência à vontade de Deus. Ah, como lhes faltava o temor do Senhor! Eles não tremiam diante da Sua Palavra.

Deus dividiu o mar, e os filhos de Israel atravessaram em terra seca e viram seus opressores serem enterrados. Eles celebraram a bondade de

Deus e dançaram e louvaram diante Dele. Estavam certos de que nunca mais duvidariam da Sua bondade! Mas não conheciam o seu próprio coração. Outro teste viria e mais uma vez a infidelidade viria à tona. Apenas três dias depois eles reclamaram mais uma vez dizendo que não queriam água amarga, mas água doce (Ver Êxodo 15:22-25).

Quantas vezes fazemos o mesmo? Queremos palavras suaves e agradáveis quando o amargo é necessário para nos limpar das nossas impurezas. Foi por isso que Salomão disse: "Mas à alma faminta, todo amargo é doce" (Pv 27:7).

Alguns dias se passaram, e os filhos de Israel mais uma vez reclamaram da falta de comida. Eles disseram: "Quem nos dera tivéssemos morrido pela mão do Senhor" (Ex 16:1-4). Você consegue ver como eles estavam se comportando religiosamente?

Mais uma vez os israelitas reclamavam da falta de água doce (Ex 17:1-4). Eles reclamavam uma vez após outra, sempre que se deparavam com uma nova dificuldade. Enquanto as coisas pareciam ir bem, eles guardavam a Palavra de Deus. Mas se obediência significasse dificuldades, os israelitas rapidamente começavam a reclamar.

Um Coração Diferente

Moisés era muito diferente. O seu coração havia sido testado muito antes. Vemos que:

> Pela fé, Moisés, quando já homem, recusou ser chamado filho da filha de Faraó, preferindo ser maltratado junto com o povo de Deus a usufruir prazeres transitórios do pecado; porquanto considerou o opróbrio de Cristo por maiores riquezas do que os tesouros do Egito, porque contemplava o galardão.
>
> - HEBREUS 11:24-26

Os filhos de Israel não escolheram o cativeiro deles. Moisés havia sido apresentado ao melhor de tudo que o mundo podia oferecer, mas recusou tudo para sofrer aflições com o povo de Deus. A atitude dele foi muito diferente da dos filhos de Israel. Eles queriam voltar para o Egito (o mundo), tendo rapidamente esquecido da opressão que sofriam. Eles só se lembravam que costumavam se banquetear com as coisas que agora lhes faltavam no deserto do teste de Deus. Moisés escolheu as dificuldades "... porque contemplava o galardão". Que galardão ele estava buscando? Encontramos a resposta em Êxodo, capítulo 33.

> Disse o Senhor a Moisés: "Vai, sobe daqui, tu e o povo que tiraste da terra do Egito, para a terra a respeito da qual jurei a Abraão, a Isaque e a Jacó, dizendo: 'À tua descendência a darei'. Enviarei o Anjo adiante de ti; lançarei fora os cananeus, os amorreus, os heteus, os ferezeus, os heveus e os jebuseus. Sobe para uma terra que mana leite e mel; eu não subirei no meio de ti, porque és povo de dura cerviz, para que te não consuma eu no caminho".
>
> - ÊXODO 33:1-3

Deus disse a Moisés para subir e levar o povo para a terra que Ele lhes havia prometido, exatamente a terra pela qual eles haviam esperado centenas de anos para herdá-la. Deus até prometeu a Moisés que seriam escoltados por um anjo escolhido, embora Ele não fosse acompanhá-los.

Mas Moisés rapidamente respondeu: "Se a Tua presença não vai comigo, não nos faça subir deste lugar" (v. 15).

Fico feliz pela opção de entrar na Terra Prometida sem Deus não ter sido colocada diante dos filhos de Israel. Se eles escolheriam uma vida confortável no Egito em lugar de Deus, eles certamente também teriam escolhido a Terra Prometida sem Ele. Eles provavelmente teriam dado uma festa e partido sem pensar duas vezes! Mas o objetivo maior de Moisés não era a Terra Prometida, então a reação dele foi diferente.

Moisés disse: "A promessa não é nada sem a Tua presença!" Ele recusou a oferta de Deus porque o seu galardão era a presença do Senhor. Pense na posição em que Moisés estava quando respondeu: "Não nos faça subir daqui". Onde era "aqui"? O deserto!

Moisés viveu sob as mesmas condições que o restante de Israel. Ele não era dotado de capacidades sobre-humanas que o isentassem das dificuldades que o resto de Israel experimentou. Ele sentia fome e sede do mesmo modo que eles, porém nunca o vemos reclamando com os outros. Foi oferecida a ele uma "saída" daquele sofrimento e a oportunidade de ir para a terra dos seus sonhos, mas ele recusou.

Um método que Deus vai utilizar para nos testar é nos fazer uma oferta que Ele espera que recusemos. A oferta a princípio pode prometer um grande sucesso, mas a que preço? Pode até parecer que o nosso ministério irá se expandir e progredir. Mas no fundo do nosso coração sabemos que escolher essa oferta seria ir contra o desejo supremo de Deus. Somente aqueles que tremem diante da Sua Palavra escolheriam o que parece ser menos benéfico.

Em 2 Reis, capítulo 2, Elias disse a Eliseu três vezes para ficar em um determinado lugar. Cada ordem, porém, era um novo teste. Teria sido mais fácil para Eliseu ficar, mas ele insistiu: "Tão certo como vive o Senhor, e vive a tua alma, não te deixarei!" (2 Rs 2:2). Ele sabia que o galardão celestial era muito mais importante que o seu conforto temporário!

SEMELHANTE POR FORA, DIFERENTE POR DENTRO

Exteriormente, ou fisicamente, não se podia dizer a diferença entre Moisés e os filhos de Israel. Todos eles eram descendentes de Abraão. Todos eles haviam deixado o Egito sob a intervenção do poder milagroso de Deus. Todos eles estavam posicionados para herdar as promessas de Deus. Todos eles professavam conhecer e servir a Jeová. A diferença estava escondida no interior de seus corações. Moisés temia a Deus; portanto, discernia o coração e os caminhos de Deus. Mas porque os filhos de Israel não temiam a Deus, eles ficaram cegos, e o entendimento deles foi obscurecido.

Hoje não é diferente. O Cristianismo se transformou quase em um clube. Você se lembra de como eram os clubes de sua infância? Nós nos tornávamos sócios de clubes porque queríamos fazer parte de alguma coisa. Na segurança de um clube, estávamos unidos aos outros membros por causa de um interesse ou uma causa comum. Tínhamos uma sensação boa por fazer parte de algo maior do que nós mesmos. O clube estava por trás de nós e nos dava uma sensação de segurança.

Hoje, há pessoas que professam ser cristãs, mas não têm mais temor de Deus do que aqueles que nunca puseram o pé dentro da igreja. Como membros seguros do clube do Cristianismo, por que eles teriam temor? Na verdade, os demônios tremem mais do que alguns dentro da igreja. Tiago advertiu aqueles que professavam ter a salvação, mas tinham falta do temor de Deus: "Crês tu que Deus é um só? Fazes bem. Até os demônios creem e tremem!" (Tg 2:19).

Essas pessoas se sentam em nossas igrejas, trabalham nas nossas equipes ministeriais e pregam em nossos púlpitos. Elas vêm de todas as profissões desta vida, desde os guetos até rodovias de Hollywood. Confessam serem salvas e amam as promessas de Deus, mas têm visão limitada – e como os filhos de Israel, não temem a Deus.

Judas previu este dia e avisou que as pessoas frequentariam nossas igrejas e professariam serem salvas pela graça de Deus, pelo fato de serem membros do clube do Cristianismo. Elas frequentariam as reuniões de crentes e participariam sem temor, em todo o tempo servindo apenas a si mesmas (Jd 12).

Em Mateus 7:21-23, Jesus disse que haveria aqueles que expulsariam demônios e que fariam outras maravilhas em Seu nome, chamando-o de Senhor e Salvador, mas deixando de viver em obediência à vontade de Deus. Jesus descreveu esta condição como "joio crescendo no meio do trigo". Você não conseguiria dizer com facilidade a diferença entre o trigo e o joio. Assim como fez com Israel, o fogo da gloriosa presença de Deus finalmente irá expor o conteúdo de cada coração. Este será o estado da igreja ao entrar no período da colheita (Mt 13:26).

Malaquias profetizou que nestes últimos dias Deus enviaria uma voz profética – como Ele fez com Samuel, Moisés e João Batista – para preparar o Seu povo para a Sua glória. No entanto, não seria um, mas muitos mensageiros proféticos. Esses mensageiros se levantariam com tamanha unidade de propósitos que falariam como um homem, chamando aqueles que estão enganados a voltarem de todo coração ao Senhor.

Assim, a ordem divina será restaurada no coração do povo de Deus. Esses profetas não são mensageiros de juízo, mas de misericórdia. Através deles, o Senhor chama os Seus para escaparem do juízo. Malaquias relata:

> Eis que eu envio o meu mensageiro, que preparará o caminho diante de mim; de repente, virá ao seu templo o Senhor, a quem vós buscais... Mas quem poderá suportar o dia da sua vinda? Porque ele é como o fogo do ourives e como a potassa dos lavandeiros.
>
> - MALAQUIAS 3:1-2

Malaquias não está descrevendo o arrebatamento da igreja. Ele diz que o Senhor virá *ao* Seu templo – e não *para* o Seu templo. Oséias disse que depois de dois mil anos o Senhor viria até nós, o Seu templo, como a última chuva. Isso fala da Sua glória manifesta. Malaquias então pergunta: "Mas quem poderá suportar o dia da sua vinda ao seu templo?" Ambos os profetas confirmam que este acontecimento não é o mesmo que o arrebatamento da igreja.

Malaquias responde à sua própria pergunta, apresentando dois resultados da presença gloriosa de Deus. Primeiro, é para refinar e purificar aqueles que o temem (vv.3, 16-17). Segundo, Ele julgará o coração daqueles que dizem que servem a Deus, mas que na verdade não o temem (Ml 3:5; 4:1). Quando esta purificação ocorrer, ele nos diz:

> Então, vereis outra vez a diferença entre o justo e o perverso, entre o que serve a Deus e o que não o serve.
>
> - MALAQUIAS 3:18

Antes da glória ser manifesta, não se podia dizer a diferença entre aquele que serve a Deus e aquele que simplesmente oferece um culto de lábios ao Senhor. A hipocrisia não pode se esconder da luz da glória de Deus. A mentalidade de clube finalmente será eliminada. Isso nos dá uma melhor compreensão da séria advertência de Jesus ao crente do Novo Testamento:

> Digo-vos, pois, amigos meus: não temais os que matam o corpo e, depois disso, nada mais podem fazer. Eu, porém, vos mostrarei a quem deveis temer: temei aquele que, depois de matar, tem poder para lançar no inferno. Sim, digo-vos, a esse deveis temer.
>
> - LUCAS 12:4-5

O temor de Deus nos livra do caminho destrutivo dos que são enganados. Moisés disse que o temor de Deus no coração do Seu povo é a força para se libertar do pecado (Ex 20:20). Salomão escreveu: "Pelo temor do Senhor os homens evitam o mal" (Pv 16:6). Jesus advertiu os crentes com um propósito específico, e antes de exortá-los a que temessem a Deus, deu-lhes uma advertência sobre a armadilha enganosa da hipocrisia:

> Nada há encoberto que não venha a ser revelado; e oculto que não venha a ser conhecido.
>
> - LUCAS 12:2

Quando cobrimos ou ocultamos o pecado para proteger a nossa reputação, colocamos um véu sobre o nosso coração. Erroneamente achamos que este véu faz com que pareçamos puros, quando na verdade não somos. Isso finalmente leva à hipocrisia. Então, agora não apenas enganamos os outros, como também a nós mesmos (Ver 2 Timóteo 3:13). Como aconteceu com os filhos de Israel, ficamos cegos e não conseguimos ver.

O temor de Deus é a nossa única proteção contra a hipocrisia. Somente ao temer não ocultaremos o pecado em nosso coração, porque temeremos mais a Deus do que as opiniões dos homens mortais. Ficaremos mais preocupados com o que Deus pensa a nosso respeito do que com o que o homem pensa. Estaremos mais preocupados com os desejos de Deus do que com o nosso conforto temporário. A Sua Palavra será mais preciosa para nós do que a palavra dos homens. Voltaremos nosso coração para o Senhor! E Paulo diz:

> Quando, porém, algum deles se converte ao Senhor, o véu lhe é retirado.
>
> - 2 CORÍNTIOS 3:16

*O temor do Senhor nos impedirá
de fazer concessões com a verdade
de Deus em nome do lucro pessoal.*

DOZE

DE GLÓRIA EM GLÓRIA

Quando, porém, algum deles se converte ao Senhor, o véu lhe é retirado.

- 2 CORÍNTIOS 3:16

Que promessa poderosa! Quando nos voltamos para o Senhor, qualquer véu que esteja nos impedindo de contemplar a Sua glória é retirado!

Antes de prosseguir, quero enfatizar a plena implicação e significado deste versículo. Precisamos qualificar esta declaração, porque muitas vezes o impacto total do que Paulo está dizendo pode se perder em meio à nuvem da nossa mentalidade atual de "clube do Cristianismo".

Jesus fez uma pergunta estarrecedora, uma pergunta que hoje muitas vezes omitimos e evitamos. Ele perguntou: "Por que me chamais 'Senhor, Senhor', e não fazeis o que vos mando?" (Lc 6:46). A palavra grega para "Senhor" é *kurios*. Significa "supremo em autoridade". Ela também tem a conotação de propriedade.

O Senhor é o criador, governador e proprietário do universo. Como Autoridade Suprema, Ele colocou o homem, com autoridade delegada, no jardim. O homem entregou o seu domínio delegado da terra a Satanás (Lc 4:6). Na cruz, Jesus redimiu de volta o que havia sido perdido. Agora temos uma opção. Podemos abdicar da propriedade completa das nossas vidas entregando-as a Jesus, ou podemos continuar presos sob o domínio de um mundo perdido e moribundo. Não existe uma terceira opção, nenhum meio termo, nenhuma posição intermediária.

Quando não temamos a Deus nem o honramos como Senhor, retemos parte do controle de nossas vidas. Podemos confessar Jesus como Senhor, mas a nossa irreverência fica clara através dos frutos que produzimos. Se temamos a Deus, nos submeteremos inteiramente à Sua autoridade como Rei e Senhor. Isso permite que Ele tenha a posse plena e irrestrita sobre nós. Nós nos tornamos Seus servos.

As Epístolas se referem a Paulo, Timóteo, Tiago, Pedro e Judas como servos (Ver Romanos 1:1; Colossensses 4:12; Tiago 1:1; 2 Pedro 1:1, Judas 1). Um servo se dá liberalmente em serviço como forma de reparação de uma dívida. Não se trata de escravidão, pois um escravo não tem escolha. A servidão é voluntária. Servimos por amor, confiança e temor reverente a Deus. Entregamos a ele voluntariamente a propriedade completa e incondicional sobre as nossas vidas.

Foi por isso que Paulo pôde enfrentar bravamente as cadeias, as tribulações e as dificuldades que o aguardavam em cada cidade. Ele podia dizer com determinação: "E agora, constrangido em meu espírito, vou para Jerusalém" (At 20:22). O Senhor amarrou Paulo? Absolutamente não! Paulo entendia que, ao cumprir a vontade de Deus, ele iria sofrer. Mas Paulo havia escolhido o desejo de Deus acima do seu próprio conforto. Ele havia entregado liberalmente a propriedade total e incondicional de sua vida a Jesus.

Paulo se referiu às dificuldades extremas que encontraria com estas palavras: "Porém em nada considero a vida preciosa para mim mesmo, contanto que complete a minha carreira com alegria" (v. 24, AMP). Ele era comprometido, independente do custo. Somente o nosso amor a Deus associado ao santo temor do Senhor cumprem a nossa resposta ao Seu Senhorio. Este é o compromisso exigido de todos aqueles que o seguem (Lc 14:25-33).

Quando Jesus perguntou: "Por que me chamais 'Senhor, Senhor' e não fazeis o que vos digo?" Ele na verdade estava dizendo: "Não enganem a si mesmos chamando-me 'Senhor' enquanto continuam a viver a vida de vocês como se ela pertencesse a vocês".

O Véu do Engano

A vida do Rei Saul exemplifica este conceito. Deus enviou uma ordem a Saul através do profeta Samuel. Saul foi instruído a reunir o seu exército e atacar Amaleque, destruindo completamente tudo que respirasse – cada homem, mulher, criança e animal.

Saul não rejeitou as instruções de Samuel dizendo: "Absolutamente não!" e saiu pisando firme na direção oposta. Isso seria uma desobediência óbvia. Em vez disso, Saul ouviu, reuniu o exército, e atacou Amaleque. Nesse ataque, dezenas de milhares de homens, mulheres e crianças foram mortos. Saul só poupou o rei amalequita. Talvez ele quisesse outro rei como troféu para servir em seu palácio.

É muito provável que milhares de animais tenham sido mortos também. Saul salvou apenas algumas das melhores ovelhas, cordeiros e bois. Ele raciocinou que as pessoas poderiam sacrificá-los ao Senhor, já que isso era até "bíblico". Para um observador que não tivesse ouvido a palavra do profeta, Saul poderia ter parecido ser um rei piedoso. "Vejam, ele sacrifica somente o melhor para o Senhor!"

Depois desta campanha, Deus disse a Samuel: "Arrependo-me de haver constituído Saul rei, porquanto deixou de me seguir e não executou as minhas palavras" (1 Sm 15:11).

No dia seguinte, Samuel foi confrontar Saul. Quando Saul viu Samuel vindo, ele o saudou com entusiasmo, dizendo: "Bendito sejas tu do Senhor; executei as palavras do Senhor" (v. 13).

Espere um instante! Essa não foi absolutamente a impressão de Deus! Acabamos de ler a Sua opinião. O que aconteceu aqui? Como poderia haver tamanha divergência de opiniões sobre o mesmo incidente? Saul realmente acreditava que tinha obedecido a Deus. Como podia haver tamanha variação? Tiago explica isso:

> Tornai-vos, pois, praticantes da palavra e não somente ouvintes, enganando-vos a vós mesmos.
>
> - TIAGO 1:22

Quando ouvimos a Palavra de Deus e não a praticamos, enganamos o nosso próprio coração! É assim que alguém pode acreditar realmente que obedece a Deus quando na verdade está agindo em desobediência. Esta é uma revelação assustadora e grave! O engano põe um véu sobre o coração e obstrui a verdade. Quanto mais uma pessoa desobedece, mais denso e mais obstrutivo o véu se torna, dificultando ainda mais a sua remoção.

Permita-me reiterar alguns pontos importantes. Primeiramente, Saul não bateu o pé e se recusou a fazer o que lhe havia sido dito. Ele foi à guerra. Em segundo lugar, ele matou dezenas de milhares de pessoas, poupando apenas uma. Ele matou todos os animais, exceto alguns dentre os milhares deles. Ele provavelmente fez 99 por cento do que lhe havia sido dito para fazer. Mas Deus chamou a sua obediência quase completa de *rebelião* (1 Sm 15:23)!

Hoje, diríamos: "Tudo bem; foi um bom esforço". Poderíamos até defender Saul, dizendo: "Afinal, ele fez quase tudo. Vamos dar o crédito a ele pelo que ele fez certo! Por que apontar uma coisa que ele não fez? Veja tudo que ele fez! Não seja tão duro com o pobre Saul!"

Aos olhos de Deus, obediência parcial ou seletiva é o mesmo que rebelião à Sua autoridade. É a evidência da falta de temor a Deus!

Certa vez, eu estava no Canadá preparando-me para ministrar. Estávamos no meio do louvor e da adoração quando o Espírito do Senhor me fez esta pergunta: "Você sabe o que é o espírito religioso?"

Embora eu tenha escrito e pregado sobre espíritos religiosos e como eles operam, eu soube de imediato que a minha informação devia ser no mínimo limitada. Aprendi que a qualquer momento em que Deus faz uma pergunta, Ele não está querendo obter informação. Respondi: "Não, Senhor – por favor, diga-me".

Ele rapidamente respondeu: "Uma pessoa com um espírito religioso é alguém que usa a Minha Palavra para executar a sua própria vontade!" Em outras palavras, é quando tomamos o que o Senhor disse e inserimos os nossos próprios desejos nela.

Fiquei atônito com a sabedoria transmitida pelo Espírito de Deus. Apliquei isto à situação ocorrida com Saul. Eu podia ver como Saul havia feito o que lhe havia sido dito, mas havia inserido os seus próprios desejos naquilo. O coração de Deus não era o seu foco. Saul havia visto uma oportunidade de se beneficiar e de fortalecer sua posição junto ao povo, e ele a agarrou. Isso é senhorio? Isso é tremer perante a Palavra de Deus? O temor do Senhor nos impedirá de fazermos concessões com a verdade de Deus para buscarmos lucro pessoal. Então obedeceremos à Palavra de Deus, independentemente do custo.

Em Que Espelho Você Está Olhando?

Ouça novamente as palavras de Tiago:

> Tornai-vos, pois, praticantes da Palavra e não somente ouvintes, enganando-vos a vós mesmos. Porque, se alguém é ouvinte da Palavra e não praticante, assemelha-se ao homem que contempla, num espelho, o seu rosto natural; pois a si mesmo se contempla, e se retira, e para logo se esquece de como era a sua aparência.
>
> - TIAGO 1:22-24

Tiago usa este exemplo natural para ilustrar o que realmente acontece no espírito quando não somos submissos ao senhorio de Jesus. Quando não trememos diante da Sua Palavra com obediência incondicional, é como se nos olhássemos no espelho, e depois nos afastássemos como se não tivéssemos olhado e voltássemos porque nos esquecemos de como é a nossa aparência. Podemos ver enquanto estamos olhando no espelho, mas assim que nos afastamos, nos esquecemos, como se fôssemos cegos.

Isto explica porque as pessoas podem ler, ouvir, e até pregar a Palavra de Deus, mas viver como aqueles que não conhecem a Palavra de Deus. Há muito pouca mudança em suas vidas. Nenhuma transformação realmente ocorreu. O salmista descreve a condição daqueles que frequentam a casa de Deus, ouvem a Sua Palavra, e, no entanto continuam sem ser transformados. Ele diz: "Porque não há neles mudança nenhuma, e não temem a Deus" (Sl 55:19).

Essas pessoas confessam ser salvas, mas permanecem sem serem transformadas pelo poder de Deus. Elas são ímpias, ingratas, desobedientes e destituídas de amor e de perdão, e exibem outras características também que fazem com que não sejam diferentes de alguém que nunca ouviu a Palavra de Deus. Elas provavelmente não fumam, não bebem, nem xingam como os ímpios nas ruas, mas por dentro suas motivações são as mesmas – são egocêntricas. Paulo descreve a condição delas como pessoas que aprendem continuamente, mas que nunca são capazes de aplicar o conhecimento da verdade. Elas serão enganadas (2 Tm 3:1-7, 13).

No deserto, os filhos de Israel sofriam desta mesma falta de visão de um coração sobre o qual havia um véu. O véu se chamava engano. Eles ouviram a Palavra de Deus e viram o Seu grande poder, mas permaneceram exatamente os mesmos. A falta de santo temor deles fez com que seus olhos espirituais fossem obscurecidos.

Sem o verdadeiro arrependimento, este véu foi ficando denso até o ponto de levá-los à cegueira. O coração deles ficou cego com relação ao tipo de pessoas que eles haviam se tornado. Embora eles celebrassem a libertação do Egito (o mundo), perderam o contato com os propósitos de Deus e recuaram – até se acovardaram – quando a Sua gloriosa presença Se revelou. O mesmo poderia acontecer conosco se não dermos ouvidos às advertências de Deus.

Paulo nos diz o que acontecerá quando nos submetermos ao senhorio de Jesus, temendo a Sua presença, e tremendo diante da Sua Palavra.

> Quando, porém, algum deles se converte ao Senhor, o véu lhe é retirado... E todos nós, com o rosto desvendado, contemplando, como por espelho, a glória do Senhor, somos transformados, de glória em glória, na sua própria imagem, como pelo Senhor, no Espírito.
>
> - 2 CORÍNTIOS 3:16-18

Assim como Tiago, Paulo usou a analogia de olharmos em um espelho. Mas não é uma imagem natural que contemplamos, mas a própria glória de Deus que é vista na face de Jesus Cristo (2 Co 4:6). Esta imagem é revelada em nossos corações quando não apenas *ouvimos* a Sua Palavra, mas também somos obedientes e a *colocamos em prática*. Tiago confirma isso:

> Mas aquele que considera atentamente na lei perfeita, lei da liberdade, e é fiel a ela e nela persevera, não sendo ouvinte negligente que se esquece, mas um praticante ativo [que obedece], esse será bem-aventurado no que realizar (em sua vida de obediência).
>
> - TIAGO 1:25, AMP

A lei perfeita da liberdade é Jesus. Ele é a Palavra de Deus viva revelada. João nos diz: "Pois há três que dão testemunho no céu: o Pai, a Palavra e o Espírito Santo; e estes três são um" (1 Jo 5:7).

Quando buscamos diligentemente a Jesus, permanecemos atentos à Sua Palavra sob a liderança do Espírito Santo e obedecemos ao que é revelado, nossos olhos permanecem claros e descobertos. Então podemos discernir a Sua glória!

Lembre-se, o Seu desejo é que contemplemos a Sua glória! Ele lamentou quando Israel não permaneceu na Sua gloriosa presença devido à falta de santo temor. Só aqueles que têm os corações descobertos podem contemplá-lo!

Quando contemplamos a Sua glória no espelho da Sua Palavra revelada, somos transformados à Sua imagem pelo Espírito de Deus! Glória a Deus! Agora você pode entender a urgência sentida pelo escritor de Hebreus:

> Por esta razão, importa que nos apeguemos com mais firmeza, às verdades ouvidas, para que delas jamais nos desviemos.
>
> - HEBREUS 2:1

Há um alto chamado para cada crente – o de ser conformado à gloriosa imagem de Jesus Cristo (Fp 3:14; Rm 8:29). Mas se não formos diligentes em obedecer à Palavra de Deus, nos desviaremos inconscientemente do rumo que Ele colocou diante de nós. Você pode imaginar tentar dirigir com os olhos vendados? Você poderia ligar a ignição, mas em um segundo seu carro se desviaria do rumo! Você não pode ver para onde está indo se estiver com os olhos vendados. A obediência a Deus mantém os seus olhos descobertos!

A Luz que Guia Todo o Nosso Ser

Somos transformados naquilo que contemplamos. Se houver um véu sobre os nossos olhos espirituais, a nossa imagem do Senhor é distorcida. Em nossas mentes, a Sua imagem assume a forma do homem corruptível em vez da forma do Deus incorruptível que Ele realmente é. Então vemos os Seus caminhos através da luz fraca da cultura na qual vivemos. Foi por isso que Israel pôde experimentar milagres e manifestações poderosos, mas rapidamente passou a se comportar como as nações que não conheciam o Senhor. Jesus disse:

> São os olhos a lâmpada do corpo. Se os teus olhos forem bons, todo o teu corpo será luminoso; se, porém, os teus olhos forem maus, todo o teu corpo estará em trevas. Portanto, caso a luz que há em ti sejam trevas, que grandes trevas serão!
>
> - MATEUS 6:22-23

A lâmpada que dá direção ao nosso corpo (nosso ser) é o olho. Esta imagem da lâmpada fala não apenas de visão física, mas também dos olhos do coração (Ef 1:18). Todo o nosso ser segue a sua percepção e as suas direções. Se nossos olhos contemplam a Palavra de Deus viva (Hb 6:5), todo o nosso ser é cheio com a luz da natureza de Deus (1 Jo 1:5). Então, somos continuamente transformados à luz desta verdade; estamos seguros e não nos desviaremos do curso.

Jesus prosseguiu dizendo que os olhos que se concentram no mal teriam todo o seu corpo inundado com a natureza das trevas. Isso descreve o coração obscurecido de um incrédulo.

Mas observe com atenção a Sua última declaração: "Portanto, caso a luz [que é a percepção de Jesus] que há em ti sejam trevas, que grandes trevas serão!" (Mt 6:23). Esta declaração não é feita a um incrédulo, mas à pessoa que conhece a Palavra de Deus. A luz está nele. Jesus está dizendo que se a nossa percepção for obscurecida ou coberta por um véu devido à falta de santo temor, essas trevas realmente serão maiores do que as trevas que encobrem aqueles que nunca viram ou ouviram a verdade (Ver Judas 1:12-13; Lucas 12:47-48).

Lembre-se das palavras de Deus àqueles que afirmavam conhecê-lo, mas a quem faltava o temor Dele: "De que te serve repetires os meus preceitos e teres nos lábios a minha aliança, uma vez que aborreces a disciplina e rejeitas as minhas palavras?" (Sl 50:16-17). Esses são aqueles que confessam crer na Sua Palavra e que até a pregam, mas a luz que está neles são grandes trevas. Com os olhos vendados, eles veem Deus como veem a si mesmos, em vez de vê-lo como quem Ele realmente é. Deus diz: "Tens feito estas coisas, e eu me calei; pensavas que Eu era teu igual" (v. 21).

Desenvolva a Sua Salvação

Pedro nos incentiva dizendo que Deus nos tem doado "as suas preciosas e mui grandes promessas, para que por elas vos torneis co-participantes da natureza divina, livrando-vos da corrupção das paixões que há no mundo" (2 Pe 1:4). "Co-participantes da natureza divina!" Que promessa!

Ele explica que o cumprimento desta promessa seria tanto condicional quanto progressivo. Pedro diz: "Fazeis bem em atendê-la, como a uma candeia que brilha em lugar tenebroso, até que o dia clareie e a estrela da alva nasça em vosso coração" (v. 19). A condição é: dar ouvidos às tremendamente grandes e preciosas promessas. A progressão é: à medida que trememos e obedecemos, a luz da Sua glória aumentará. Ela começa como a força da alva e continua de glória em glória, até brilhar como o sol em sua plena força. Provérbios 4:18 nos diz: "A vereda dos justos é como a luz da aurora, que vai brilhando mais e mais até ser dia perfeito". No dia perfeito resplandeceremos como o sol para sempre (Mt 13:43). Não *refletiremos* a Sua glória – mas a *emitiremos!* Aleluia!

À medida que contemplamos a glória do Senhor no espelho da Sua Palavra revelada, estamos "sendo transformados [mudados] na mesma imagem do Senhor de glória em glória". Isso descreve o processo que a Bíblia chama de "desenvolver" a nossa salvação. Paulo dá instruções específicas sobre isto aos Filipenses. Ao ler suas instruções, reflita sobre o fato de que se estas mesmas instruções tivessem sido ouvidas por Israel, eles teriam se poupado do destino indesejável de perecerem no deserto.

> Assim, pois, amados meus, como sempre obedecestes, não só na minha presença, porém, muito mais agora, na minha ausência, desenvolvei a vossa salvação com temor e tremor; porque Deus é quem efetua em vós tanto o querer como o realizar, segundo a sua boa vontade.
>
> - FILIPENSES 2:12-13

Sei que esta carta é de Paulo aos Filipenses, mas ela representa uma carta do Senhor, endereçada a nós. Toda Escritura é dada pela inspiração do Espírito Santo, e não há interpretação particular. Devemos ler este versículo como se Deus tivesse falado conosco pessoalmente. Antes de prosseguirmos, leia Filipenses 2:12-13 mais uma vez, debaixo desta luz.

Estes versículos ilustram como o temor do Senhor nos fortalece para obedecermos a Ele, não apenas na Sua presença, mas também na ausência da Sua presença. As Escrituras descrevem dois diferentes aspectos da presença de Deus. Primeiramente, há a Sua Onipresença. Resumindo, *Deus está em todo lugar*. Davi descreveu-o assim: "Para onde poderia eu escapar do Teu Espírito? Se eu subir aos céus, lá estás; se eu fizer a minha cama na sepultura [inferno], também lá estás" (Sl 139:7-8, NVI). Esta é a presença que Ele promete que nunca nos deixará nem nos abandonará (Hb 13:5).

Em segundo lugar, há a presença palpável – ou manifesta – de Deus. Isto acontece quando a Sua presença se torna real para nós neste mundo natural. Sentimos o Seu amor muitas vezes durante os cultos; sentimos o Seu calor quando adoramos; sentimos o Seu poder quando oramos. É fácil obedecer a Deus durante esses momentos em que nossas orações acabaram de ser respondidas, Suas promessas cumpridas, e a alegria é abundante. Mas uma pessoa que teme a Deus é alguém que obedecerá mesmo em tempos difíceis, onde a presença palpável de Deus não está ali para encorajá-la.

O Inabalável Temor de Deus

Pense em José, o tataraneto de Abraão. Deus mostrou a José em um sonho que ele seria um grande líder, governando sobre seus irmãos! Mas o que aconteceu imediatamente depois de receber esta promessa? Os irmãos que José estava destinado a governar um dia ficaram com ciúmes e o atiraram dentro de um poço. Muitos hoje em dia perguntariam, chocados: "Como Deus pôde permitir isso? O sonho foi apenas uma provocação?" Depois do choque inicial, eles ficariam ofendidos com Deus. A ofensa deles é outra manifestação da falta de santo temor! Mas não encontramos qualquer registro de reclamação por parte de José.

Esses mesmos irmãos venderam José como escravo para uma nação estrangeira. Ele serviu na casa de Potifar, um adorador de ídolos, por mais de dez anos. Dez anos – pense nisso! A cada dia, o sonho que Deus lhe havia dado deve ter parecido mais distante e sem valor. Hoje, muitos de nós ficaríamos preocupados e questionaríamos a Deus depois de dez anos; já teríamos desistido! Mas ainda não encontramos qualquer evidência de que José tenha reclamado. Ele não abandonou a sua esperança, não esqueceu o seu sonho, nem cedeu ao desânimo. Ele temia a Deus.

Por outro lado, os filhos de Israel cederam à vontade de reclamar e murmurar. A paciência de José suportou dez anos de escravidão ao passo que a paciência de muitos israelitas se desvaneceu depois de alguns meses. Hoje, muitos de nós reclamamos quando nossas orações não são respondidas dentro de algumas semanas. Como somos diferentes de José, você não concorda?

José estava isolado e sozinho em uma terra pagã, longe de tudo que ele havia conhecido e amado. Ele não tinha comunhão com os incrédulos. Não havia nem um irmão em quem confiar. Nessa situação de solidão, a mulher do seu amo tentou seduzir José. Vestida de seda e perfumada com os melhores óleos do Egito, a mulher de Potifar implorava diariamente que José se deitasse com ela.

Amo a forma como José demonstrou o seu temor a Deus. Embora tivesse passado por dificuldades e decepções, ele não cedeu à mulher de Potifar. Se tivesse perdido o santo temor e ficado ofendido com Deus, José não teria forças para resistir à tentação. Ele rejeitou a mulher de Potifar: "Como pois, cometeria tamanha maldade, e pecaria contra Deus?" (Gn 39:9).

A obediência de José a Deus levou-o à masmorra de Faraó. A essa altura, quantos ainda escolheriam confiar em Deus e obedecer a Ele? Muitos cairiam na armadilha das garras mortais da amargura (Ver Hebreus 12:15). José permaneceu na prisão por mais de dois anos. No entanto, ainda assim não vemos qualquer evidência de que ele tenha reclamado ou ficado amargurado. Mesmo nas trevas da prisão e nas limitações das cadeias, José continuou a temer a Deus! Nenhuma decepção podia desviar o seu coração de Deus.

O mais poderoso é que em meio a todas as suas dores, José ainda ministrava aos seus companheiros de prisão. Durante os tempos de dificuldades, ele os consolava, interpretando seus sonhos e falando-lhes sobre Jeová.

Reclamação: O Impedimento à Transformação

Os descendentes de José eram muito diferentes. Eles obedeciam quando seus desejos eram atendidos e quando Deus manifestava o Seu grandioso poder a favor deles. Sempre que eles ficavam desanimados ou se sentiam abandonados, rapidamente se desviavam caindo em desobediência. O primeiro sintoma desse desvio sempre vinha na forma de reclamações.

Os que ficam ofendidos com Deus geralmente não são tão tolos a ponto de se oporem a Ele diretamente. Em vez disso, eles resistem à Sua Palavra ou à Sua liderança. Os filhos de Israel reclamaram dos seus líderes, mas Moisés respondeu dizendo: "As vossas murmurações não são contra nós e sim contra o Senhor" (Ex 16:8).

A reclamação é uma assassina. Ela provoca um curto-circuito na vida de Deus em você mais rápido do que qualquer outra coisa! Reclamar transmite indiretamente ao Senhor a mensagem: "Não gosto do que o Senhor está fazendo em minha vida – e se eu fosse o Senhor, faria diferente". Reclamar não é nada mais do que uma manifestação de insubordinação à autoridade de Deus. É algo extremamente irreverente! Deus odeia a reclamação! José temia a Deus, e ele nunca reclamava. É por isso que o Senhor nos adverte:

> Desenvolvei a vossa salvação com temor e tremor; porque Deus é quem efetua em vós tanto o querer como o realizar, segundo a sua boa vontade. Fazei tudo sem murmurações nem contendas.
>
> - FILIPENSES 2:12-14

Deus nos adverte severamente a não permitir que a reclamação crie raízes em nosso coração. Nós não fomos deixados indefesos ao seu intenso ataque. O temor do Senhor é a força dentro de nós que manterá esse assassino de fora. Provérbios confirma isso:

> O temor do Senhor é fonte de vida, para evitar os laços da morte.
>
> - PROVÉRBIOS 14:27

José viveu em um deserto espiritual por mais de doze anos. Parecia que nada estava indo do jeito dele. Não havia nada que pudesse fortalecê-lo ou animá-lo. Mas havia uma fonte de onde José extraía suas forças – uma fonte interna. Esta fonte provia a força de que ele precisava para obedecer a Deus em tempos árduos e áridos. Era o temor de Deus!

Ele foi capaz de evitar as ciladas do ódio, da ofensa, dos ciúmes, do ressentimento, da ira e do adultério através das águas que dão vida, provenientes dessa fonte. Enquanto outros teriam caído nessas armadilhas de morte, José pôde se desviar e ministrar a outros – até mesmo nos seus momentos mais sombrios.

José era sábio em seu comportamento porque temia a Deus. "O temor do Senhor é a instrução da sabedoria" (Pv 15:33). Aqueles que temem a Deus são sábios. Daniel destaca:

> Os que forem sábios, pois, resplandecerão como o fulgor do firmamento; e os que a muitos conduzirem à justiça, como as estrelas, sempre e eternamente.
>
> - DANIEL 12:3

José passou no teste definitivo de seu coração dando de si mesmo e declarando a fidelidade de Deus em sua hora mais sombria. Não demorou muito para que a sabedoria de José fizesse com que ele brilhasse tremendamente no Egito. A sua virtude não podia ser escondida, por isso foi revelada a toda uma nação pagã.

É interessante notar que foi o comportamento de José enquanto estava na prisão, e a sua reação aos seus companheiros de cela, que finalmente o levou à sua promoção. Em Gênesis 40, lemos que o copeiro chefe e o padeiro chefe de Faraó estavam entre os prisioneiros. Ambos tiveram sonhos, que foram interpretados por José. Para o copeiro, José declarou o significado do sonho:

> Esta é a sua interpretação: os três ramos são três dias; dentro ainda de três dias, Faraó te reabilitará e te reintegrará no teu cargo, e tu lhe darás o copo na própria mão dele, segundo o costume antigo, quando lhe eras copeiro.
>
> - GÊNESIS 40:12-13

Mas para o padeiro, a interpretação não era tão boa.

> Então lhe disse José: "A interpretação é esta: os três cestos são três dias; dentro ainda de três dias, Faraó te tirará fora a cabeça e te pendurará num madeiro, e as aves te comerão as carnes"
>
> - GÊNESIS 40:18-19.

Se houvesse um mínimo de queixa no coração de José, ele não teria ministrado nem ao copeiro nem ao padeiro. Se ele não tivesse ministrado a eles, teria permanecido na prisão até a morte.

Nos seus momentos finais, José ainda estaria murmurando sobre o que parecia ser a infidelidade de Deus, quando na verdade a promessa de Deus teria sido abortada por causa da falta de santo temor de José. Mas Deus foi fiel para libertar José das cadeias da prisão. No momento certo, José foi chamado pelo próprio Faraó para interpretar um sonho, pela recomendação de ninguém menos do que o copeiro chefe. E toda uma nação foi liberta da fome porque um homem – José – temia o Senhor.

Na última metade do século XX, a igreja demonstrou uma falta de temor de Deus. Como consequência, somos vistos como vergonha em vez de sermos vistos como estrelas brilhantes aos olhos da nossa nação necessitada de Deus. Os nossos pecados são frequentemente alardeados pela mídia, e perdemos o respeito de que os crentes deveriam gozar. Fracassamos em demonstrar as qualidades de fidelidade e de temor a Deus que encontramos em José. Que Deus possa nos ajudar com Sua graça!

Brilhando com a Glória de Deus

Jó foi outro homem que sofreu intensamente. Ele também foi duramente testado. Jó tentou encontrar um sentido para tudo que sofria, mas entrou em desespero. Seus amigos foram aconselhá-lo, mas as palavras deles não ajudavam em nada e apenas aumentavam ainda mais a confusão de Jó. Ele buscou sabedoria, mas ela escapava dele. Deus estava em silêncio enquanto Jó e seus amigos compartilhavam suas fúteis tentativas de entender os caminhos de Deus. O Senhor esperou até que as opiniões deles se esgotassem. Ele enviou um pregador com sabedoria chamado Eliú. Mas depois disto:

> Depois disto, o Senhor, do meio de um redemoinho, respondeu a Jó. "Quem é este que escurece os meus desígnios com

> palavras sem conhecimento? Cinge, pois, os lombos como homem, pois eu te perguntarei, e tu me farás saber. Onde estavas tu quando eu lançava os fundamentos da terra? Dize-mo, se tens entendimento".
>
> - JÓ 38:1-4

Deus prossegue com a sua explanação, até que Jó fica impactado com a tremenda sabedoria, entendimento e força de Deus. Jó é tomado de santo temor, e clama:

> Bem sei que tudo podes, e nenhum dos teus planos pode ser frustrado. Quem é aquele, como disseste, que sem conhecimento encobre o conselho? Na verdade, falei do que não entendia; coisas maravilhosas demais para mim, coisas que eu não entendia... Eu te conhecia só de ouvir; mas agora os meus olhos te veem. Por isso, me abomino e me arrependo no pó e na cinza.
>
> - JÓ 42:2-6

Jó temia a Deus. Ele viu Deus. Ele foi transformado. A sua dor física e a sua perda não haviam diminuído, mas um sentimento maior de santo temor havia lhe sido transmitido. Esse temor continha a sabedoria de que Jó necessitava. Assim como José havia ministrado em sua dor e sofrimento, Jó voltou-se e ministrou aos outros.

> Mudou o Senhor a sorte de Jó, quando este orava pelos seus amigos; e o Senhor deu-lhe o dobro de tudo o que antes possuíra. ... Então, morreu Jó, velho e farto de dias.
>
> - JÓ 42:10, 17

Jó brilhou com maior sabedoria e força do que nunca. Muitas pessoas hoje continuam extraindo lições da dor e da sabedoria de Jó. Podemos ver por que Deus nos adverte com veemência:

> Fazei tudo sem murmurações, sem culpar os outros e sem reclamar [contra Deus], sem questionar e duvidar [entre vocês].
>
> - FILIPENSES 2, 14, AMP

O que nos dá a capacidade para andarmos livres desses assassinos? O temor de Deus. Quando tememos a Deus, o véu do nosso coração é retirado. Quando contemplamos a Sua glória, somos transformados segundo a imagem que contemplamos.

> Para que vos torneis irrepreensíveis e sinceros, filhos de Deus inculpáveis no meio de uma geração pervertida e corrupta, na qual resplandeceis como luzeiros no mundo, preservando a palavra da vida...
>
> -FILIPENSES 2:15-16

A versão *Amplified Bible* da Bíblia apresenta a seguinte versão:

> Entre os quais vocês são vistos como luz brilhante (estrelas ou faróis que brilham claramente) no mundo [tenebroso].
>
> - FILIPENSES 2:15, AMP

Glória a Deus para todo o sempre! Nós que tememos a Deus somos continuamente conformados à Sua imagem até que brilhemos como luzes resplandecentes em um mundo em trevas. Isso descreve a tremenda glória que a igreja fiel do Senhor emitirá nestes últimos dias.

No capítulo anterior, falamos sobre como esta transformação aumentaria em proporção até que a glória de Deus em nós se manifeste de forma tão tremenda que os pecadores sejam atraídos a Cristo pela nossa luz. Revendo o que Isaías disse, vemos que:

> Dispõe-te, resplandece, porque vem a tua luz, e a glória do Senhor nasce sobre ti. Porque eis que as trevas cobrem a terra, e a

escuridão, os povos; mas sobre ti aparece resplendente o Senhor, e a sua glória se vê sobre ti. As nações se encaminham para a tua luz, e os reis, para o resplendor que te nasceu.

- ISAÍAS 60:1-3

Deus manifestará a Sua glória nesta terra. Ele já disse como fará isso. "Eu tornarei mais gloriosa a casa da minha glória" (Is 60:7). A casa da Sua glória é o Seu povo, o Seu templo, aqueles de nós que o temem e o amam. Zacarias previu a glória do Senhor vindo sobre o Seu povo e disse:

> Assim diz o Senhor dos Exércitos: "Naquele dia, sucederá que pegarão dez homens, de todas as línguas das nações, pegarão, sim, na orla da veste de um judeu e lhe dirão: 'Iremos convosco, porque temos ouvido que Deus está convosco'".
>
> - ZACARIAS 8:23

Zacarias não utilizou a terminologia que usamos hoje. Então, ele não podia dizer que os homens agarrariam na manga de cada cristão. Ele viu os nossos dias e descreveu-os nos seus próprios termos. O que é mais empolgante é que estamos rapidamente nos aproximando desses dias! Aleluia!

*Temer a Deus é
crer em Deus.
Crer em Deus
é obedecer a Ele.*

TREZE

AMIZADE COM DEUS

A intimidade do Senhor é para os que o temem, aos quais ele dará a conhecer a Sua aliança.

— SALMO 25:14

Agora abordaremos o que creio ser o aspecto mais empolgante de se andar no temor de Deus. Este é o desejo do coração de todo crente verdadeiro. É a única coisa que nos dará uma realização duradoura. Este é o motivo de Deus para a criação e o propósito da redenção, o principal foco do Seu coração, e um tesouro reservado para aqueles que o temem. Como forma de introdução, vamos observar a sabedoria de Salomão:

O temor do Senhor é o princípio da sabedoria.

PROVÉRBIOS 1:7

Que sabedoria? Será que Salomão está se referindo ao conhecimento científico? Não, pois muitos cientistas exaltam o homem e não possuem temor de Deus. Será que este versículo se refere às realizações sociais ou políticas? Não, porque os caminhos do mundo são loucura para Deus. Será o conhecimento das Escrituras? Não, porque embora os fariseus fossem peritos na lei, eles não eram agradáveis a Deus. A nossa resposta encontra-se em Provérbios 2:5: tema ao Senhor, e você ganhará o conhecimento de Deus. Deixe-me explicar a você em termos mais simples: você conhecerá a Deus mais intimamente. O salmista confirma isto dizendo:

A intimidade do Senhor é para os que o temem.
- SALMO 25:14

O temor do Senhor é o princípio, ou o ponto de partida, de um relacionamento íntimo com Deus. Intimidade é um relacionamento de duas vias. Por exemplo, sei coisas *sobre* o Presidente dos Estados Unidos. Posso relacionar informações sobre as suas realizações e a sua posição política, mas não o *conheço* realmente. Se estivéssemos na mesma sala, eu rapidamente reconheceria o Presidente, mas ele não me reconheceria. Embora eu seja um cidadão dos Estados Unidos e saiba coisas *sobre* ele, eu não poderia conversar com ele como se ele fosse meu amigo. Isso não seria adequado e seria até desrespeitoso. Eu ainda estaria sob a sua jurisdição e autoridade como Presidente e sob a sua proteção como chefe do estado maior, mas a autoridade dele sobre mim não me concederia automaticamente a prerrogativa de ter intimidade com ele.

Outro exemplo seria o fato de alguns de nós estarmos tão envolvidos com as celebridades do esporte ou de Hollywood dos nossos dias. Os nomes delas são comuns nos lares americanos. A mídia expôs sua vida pessoal através de inúmeras entrevistas na televisão e artigos em jornais e revistas. Ouço alguns fãs falando como se essas celebridades fossem seus amigos íntimos. Cheguei a ver pessoas emocionalmente envolvidas nos problemas conjugais de suas celebridades favoritas e já pude vê-las sofrendo como se fossem parte da família quando seus heróis do esporte ou das telas morreram.

Se esses fãs algum dia encontrassem o seu herói famoso na rua, eles sequer receberiam um aceno de reconhecimento. Se eles fossem corajosos o bastante para parar essa celebridade, talvez descobrissem que a verdadeira pessoa fosse muito diferente da imagem que eles fizeram dela. O relacionamento entre as celebridades e os seus fãs é um relacionamento de mão única.

Já lamentei pela presença deste mesmo comportamento na igreja. Ouço muitos crentes falarem sobre Deus como se Ele fosse apenas um coleguinha, alguém com quem eles costumam andar. Eles falam casualmente sobre como Deus lhes mostrou isso ou aquilo. Eles dizem o quanto desejam a Sua presença e têm fome pela Sua unção. Muitas vezes os que são jovens ou que ainda não estão estáveis no seu relacionamento com o Senhor se sentem desconfortáveis e espiritualmente deficientes quando estão por perto desses "amigos íntimos" de Deus.

O que acontece com frequência é que, dentro de alguns minutos, você ouvirá esses indivíduos se contradizerem. Eles dirão algo que revela claramente que o relacionamento deles com Deus não é diferente daquele que existe entre um fã e a sua celebridade favorita. Eles acabam provando que estão falando de um relacionamento que simplesmente não existe.

O Senhor disse que não podemos sequer começar a conhecê-lo em termos íntimos até que o temamos. Em outras palavras, um relacionamento e uma amizade íntimos com Deus não irão sequer começar até que o temor do Senhor esteja firmemente plantado em nossos corações.

Podemos assistir a cultos, ir à frente respondendo a cada apelo, ler nossas Bíblias diariamente e estarmos presentes em todas as reuniões de oração. Podemos pregar sermões maravilhosos e motivadores, trabalhar duro no ministério durante anos, e até receber o respeito e a admiração de nossos irmãos. Mas se não temermos a Deus, estaremos apenas subindo os degraus da escada religiosa. Qual é a diferença entre repetir esses rituais religiosos e sofrer da síndrome da celebridade?

Conheço pessoas que podem me dizer mais sobre a vida pessoal de uma celebridade do que a respeito da sua própria vida. Eles possuem inúmeras opiniões, furos de reportagens, fatos e detalhes. Este conhecimento sobre alguém não garante a intimidade com ele. Esses seguidores de celebridades são como pessoas que observam a vida dos outros através de janelas de vidro. Elas veem *o quê*, *onde*, e *quando*, mas não sabem o *porquê*.

Amigo de Deus

Deus chamou dois homens de Seus amigos nas Escrituras. Isto não quer dizer que não havia outros – mas apenas que Deus reconhecia especificamente estes dois, a ponto de deixar um relato da amizade deles deliberadamente. Creio que Ele fez isso para que pudéssemos nos beneficiar do fato e receber algum discernimento do que Deus procura em um amigo.

O primeiro é Abraão. Abraão foi chamado de amigo de Deus (2 Cr 20:7). Quando Abraão tinha setenta e cinco anos, Deus fez uma aliança com ele. Segundo os parâmetros dessa aliança, Deus prometeu a Abraão o desejo do seu coração, um filho. Antes do nascimento desse filho, Abraão cometeu vários erros – alguns bastante graves.

Mas em meio a tudo isso, Abraão creu em Deus e obedeceu a Ele e estava plenamente persuadido de que Deus realizaria tudo que havia prometido.

Quando Abraão tinha noventa e nove anos, sua esposa engravidou, e o seu filho prometido, Isaque, nasceu! Você pode imaginar a alegria que Abraão e Sara sentiram depois de terem esperado por tantos anos? Você pode imaginar o amor que eles tinham por aquela criança prometida?

O Teste

O tempo passou, e esse relacionamento cresceu à medida que pai e filho se tornavam muito próximos. A vida desse menino significava mais para Abraão do que a sua própria vida. A sua grande riqueza não era nada se comparada com a alegria desse filho. Nada significava mais para Abraão do que este precioso filho que lhe fora dado por Deus.

> Depois dessas coisas, pôs Deus Abraão à prova e lhe disse: "Abraão!" Este lhe respondeu: "Eis-me aqui!" Acrescentou Deus: "Toma teu filho, teu único filho, Isaque, a quem amas, e vai-te à terra de Moriá; oferece-o ali em holocausto, sobre um dos montes, que eu te mostrarei".
>
> GÊNESIS 22:1-2

Você pode imaginar o choque de Abraão ao ouvir estas palavras? Ele jamais havia sonhado que Deus lhe pediria algo tão difícil. Pai e filho eram muito ligados. Depois de tantos anos de espera por este jovem tão precioso, Deus havia pedido mais do que a própria vida de Abraão – Ele havia pedido o seu coração. Não fazia sentido.

Mas Abraão sabia que Deus não comete erros. Não havia como negar o que Deus já havia deixado claro. Só havia duas opções para um homem aliançado com Deus – obedecer, ou quebrar a aliança. Quebrar a aliança estava fora de cogitação para aquele homem de fé, pois ele vivia imerso em santo temor.

Sabemos que aquilo era um teste, mas Abraão não o sabia. Nunca sabemos que Deus está nos testando até estarmos do outro lado da situação. Pode ser possível trapacear em um teste de faculdade, mas ninguém pode trapacear nas provas que Deus lhe dá. Se não estudarmos e não fizermos nosso dever de casa purificando nosso coração e limpando nossas mãos, não conseguiremos passar nos testes de Deus, não importa o quanto somos inteligentes!

Se os descendentes de Abraão soubessem o resultado do que Deus estava fazendo no pé do Monte Sinai, eles teriam reagido de modo diferente. Abraão tinha algo diferente em seu coração, algo que faltava aos seus descendentes.

Deus uma vez me pediu para abrir mão de algo que eu achava que Ele havia me dado. Aquilo representava mais do que qualquer coisa para mim. Eu havia desejado aquilo por anos. Era trabalhar para um evangelista particularmente conhecido, alguém que eu amava de todo o coração.

Minha esposa e eu fomos convidados para ocupar posições na equipe desse homem como assistentes dele e de sua esposa. Eu não apenas amava esse homem, como também via aquilo como a oportunidade de Deus para a realização de um sonho que Ele havia plantado no fundo do meu coração – o de pregar o evangelho às nações.

Eu esperava plenamente que Deus dissesse *sim* a esta maravilhosa oferta, mas Ele deixou claro que eu deveria recusá-la. Chorei durante dias depois de ter recusado esta oferta. Eu sabia que havia obedecido a Deus, no entanto não entendia *por que* Ele havia pedido algo tão difícil. Depois de semanas sentindo-me confuso, finalmente clamei: "Deus, por que Tu me fizeste colocar isto no altar?"

Ele respondeu rapidamente ao meu clamor: "Para ver se você estava me servindo ou se estava servindo ao seu sonho".

Só então entendi que havia sido testado. Em meio a tudo aquilo, eu não havia percebido o que Ele estava fazendo. As únicas coisas que me impediram de seguir o meu próprio caminho foram o meu amor por Deus e o meu temor Dele.

Ficou Confirmado que Abraão Temia a Deus

Amo a resposta de Abraão à ordem mais difícil de Deus: "Levantou-se, pois, Abraão de madrugada" (Gn 22:3). Ele não discutiu o assunto com Sara. Não houve hesitação. Ele havia decidido obedecer a Deus.

Havia apenas duas coisas que significavam mais para Abraão do que o seu prometido Isaque – o seu amor e temor a Deus. Ele amava e temia a Deus acima de qualquer outra coisa.

Deus disse a Abraão para fazer uma jornada de três dias. Isso permitiu que ele tivesse tempo para refletir no que lhe havia sido ordenado. Se existisse qualquer vacilação dentro dele, a duração dessa jornada teria trazido à tona tais sentimentos. Quando ele e Isaque chegaram ao local de adoração indicado, Abraão construiu um altar, amarrou seu filho, deitou-o no altar, e procurou sua faca. Ele levantou a faca sobre a garganta de Isaque.

A essa altura, Deus falou através de um anjo, impedindo-o em meio ao seu ato de obediência: "Não estendas a mão sobre o rapaz, e nada lhe faças; pois agora sei que temes a Deus, porquanto não me negaste o filho, o teu único filho" (Gn 22:12).

Abraão provou o seu temor estimando os desejos de Deus acima dos seus. Deus sabia que se Abraão passasse neste teste, ele passaria em todos os outros.

> Tendo Abraão erguido os olhos, viu atrás de si um carneiro preso pelos chifres entre os arbustos; tomou Abraão o carneiro e o ofereceu em holocausto, em lugar de seu filho. E pôs Abraão por nome àquele lugar – o Senhor Proverá.
>
> - GÊNESIS 22:13-14

Com a conclusão deste teste, Deus revelou uma nova faceta de Si mesmo a Abraão. Ele se revelou como Jeová-Jireh. Esta revelação do caráter de Deus significa "Jeová Vê". Ninguém desde Adão o havia conhecido desta maneira. Deus revelou o Seu coração a este homem humilde que havia se tornado Seu amigo. O Senhor estava revelando a Abraão as coisas que para os outros homens ainda eram "segredos" do Seu coração e do Seu caráter.

Mas é importante entender que Deus não se revelou como "Jeová Vê" até que Abraão tivesse passado no teste do santo temor. Muitos afirmam conhecer as diferentes características e atributos da natureza de Deus, no entanto eles nunca obedeceram a Deus nos momentos de dificuldade. Eles podem cantar "Jeová-Jireh, meu provedor. Sua graça é suficiente para mim..." Mas isto não passa de uma canção até que Ele seja revelado através da obediência como tal. Até que passemos no teste de obediência de Deus, essas declarações procedem da nossa mente e não do nosso coração. É quando nos aventuramos no deserto árido e difícil da obediência que Deus Se revela como Jeová-Jireh e amigo (Ver Isaías 35:1-2).

> Não foi por obras que Abraão, o nosso pai, foi justificado, quando ofereceu sobre o altar o próprio filho, Isaque? Vês como a fé operava juntamente com as suas obras; com efeito, foi pelas obras que a fé se consumou, e se cumpriu a Escritura, a qual diz: "Ora, Abraão creu em Deus, e isso lhe foi imputado para justiça"; e foi chamado amigo de Deus.
>
> - TIAGO 2:21-23

Observe que Abraão foi justificado por suas obras correspondentes. A prova deste santo temor e fé foi a sua obediência. *Temer* a Deus é *crer* em Deus. *Crer* em Deus é *obedecer* a Ele. Tiago assinalou que a obediência de Abraão, alimentada pelo seu santo temor a Deus, resultou em amizade com Deus. Deus deixa claro:

> A amizade com o Senhor é reservada para aqueles que o temem. Com eles, ele compartilha os segredos da sua aliança.
>
> - SALMO 25:14, NLT

Não poderia ser mais claro! Leia este versículo do Salmo 25 novamente, e esconda-o dentro do seu coração. Por que existe uma profusão de pregações superficiais que saem dos púlpitos? Por que falta aos cristãos a profundidade dos nossos antepassados? Esse é o resultado de uma doença que cresce dentro da igreja. É um vírus que se chama "A Ausência do Temor do Senhor"!

Deus disse que Ele revela os Seus segredos àqueles que o temem. Com quem você compartilha os segredos do seu coração? Com conhecidos ou com os amigos íntimos? Com os amigos íntimos, naturalmente. Os segredos não estariam a salvo com meros conhecidos. Bem, Deus faz o mesmo. Ele compartilha o Seu coração somente com aqueles que o temem.

O Homem Que Conhecia os Caminhos de Deus

Há outro homem a quem Deus chamou de Seu amigo – Moisés. Ele era um homem que conhecia os caminhos de Deus. Êxodo 33:11 diz: "Falava o Senhor a Moisés face a face, como qualquer fala a seu amigo". O véu foi retirado do rosto de Moisés porque ele temia a Deus. Portanto, ele podia falar com Deus em um nível de intimidade. O resultado foi:

> Manifestou os seus caminhos a Moisés, e os seus feitos aos filhos de Israel.
>
> - SALMO 103:7

Por Israel não temer a Deus, foi-lhes negada a intimidade com Ele. Os Seus caminhos e os segredos da Sua aliança não foram revelados aos israelitas. Eles o conheciam basicamente da mesma forma que eu conheço o Presidente dos Estados Unidos. Conheço o Presidente por suas realizações, por suas disposições e por seus atos. Os israelitas não eram participantes do *por que* da aliança de Deus. Eles não entendiam os motivos e as intenções de Deus e os desejos do Seu coração.

Israel só percebia o caráter de Deus na medida em que ele era demonstrado no mundo natural. Eles muitas vezes entendiam mal os métodos de Deus, e quando não conseguiam exatamente o que queriam, interpretavam que Deus "tirava" ou "retinha" as coisas. É impossível conhecer Deus simplesmente observando o que Ele faz no mundo natural. Seria como conhecer uma celebridade somente a partir das reportagens da mídia. Deus é Espírito, e os Seus caminhos estão ocultos à sabedoria deste mundo natural (Jo 4:24; 1 Co 2:6-8). Deus só se revelará àqueles que o temem. Os filhos de Israel não viam a sabedoria ou o entendimento por trás de tudo que Deus estava fazendo. Assim, eles estavam sempre em descompasso com Ele.

O Temor do Senhor é Conhecer os Caminhos de Deus

Moisés sabia com frequência por que Deus fazia as coisas que fazia. A Bíblia descreve esta percepção como *entendimento*. Na verdade, Moisés muitas vezes sabia o que Deus ia fazer antes mesmo que Ele o fizesse, pois Deus o revelava a Moisés antecipadamente. A Bíblia chama isto de *sabedoria*. O salmista nos diz:

> O temor do Senhor é o princípio da sabedoria; revelam prudência todos os que o praticam.
>
> - SALMO 111:10

Temer a Deus é obedecer a Ele, mesmo quando parece que isto não será vantajoso para nós. Quando o tememos, Ele nos chama de *amigos* e revela o *porquê*, ou as intenções e desejos do Seu coração. Chegamos a conhecê-lo não pelos Seus atos, mas pelos Seus caminhos. Leia com atenção as palavras de Jesus a Seus discípulos na Última Ceia, depois da partida de Judas:

> Vós sois meus amigos, se fazeis o que vos mando. Já não vos chamo servos, porque o servo não sabe o que faz o seu Senhor; mas tenho-vos chamado amigos, porque tudo quanto ouvi de meu Pai vos tenho dado a conhecer.
>
> – JOÃO 15:14-15

Ouvi este versículo ser citado como uma promessa de amizade com o Senhor. Mas existe uma condição muito específica sobre este tipo de amizade. A condição é:

> ... se fazeis o que vos mando.
>
> – JOÃO 15:14

Nas palavras do salmista, este tipo de amizade com Deus é "reservado aos que o temem", àqueles que obedecem à Sua Palavra incondicionalmente.

O Senhor disse: "Já não vos chamo servos". Os Seus discípulos haviam provado ser fiéis como servos durante três anos e meio. Eles ficaram com Jesus quando outros discípulos partiram (Jo 6:66). Houve um tempo em que Jesus os tratava apenas como servos. Esse foi um período de teste, o mesmo que aconteceu com Abraão e Moisés. Uma nova prova havia começado; agora as Suas palavras eram proféticas. A prova terminaria com a obediência firme dos discípulos no cenáculo. A ordem divina seria estabelecida. O aposento alto revelaria o teor de cada coração humano.

Jesus disse: "Já não vos chamo servos, porque o servo não sabe o que faz o seu Senhor; mas tenho-vos chamado amigos, porque tudo quanto ouvi de Meu Pai vos tenho dado a conhecer [Meus amigos, que temem a Deus]". Os amigos de Deus terão o Seu dom de discernimento, porque Ele compartilha Seus planos com os amigos.

Deus Compartilha os Seus Planos Com os Seus Amigos

Deus compartilha os motivos e as intenções do Seu coração com os Seus amigos. Ele discute os Seus planos com eles e até faz confidências a eles.

> "Ocultarei o meu plano a Abraão?", perguntou o Senhor.
>
> - GÊNESIS 18:17, NLT

O Senhor disse isso aos servos angelicais que estavam com Ele na presença de Abraão. Então Deus voltou-se para Abraão.

> Disse mais o Senhor: "Ouvi dizer que o povo de Sodoma e Gomorra é extremamente mau, e que tudo o que fazem é mau. Descerei e verei se esses relatos são verdadeiros. E então saberei".
>
> - GÊNESIS 18:20-21, NLT

O Senhor então confidenciou a Abraão que um julgamento iminente pairava sobre as cidades de Sodoma e Gomorra. Abraão intercedeu e suplicou pelas vidas dos justos.

> Abraão aproximou-se dele e disse: "Destruirás tanto o inocente quanto o culpado? Suponhamos que encontres cinquenta inocentes dentro da cidade – ainda assim a destruirás, e não a pouparás por amor a estes? Certamente não farias tal coisa, destruindo o inocente com o culpado... Certamente não farias isto! Não faria justiça o Juiz de toda a terra?"
> E o Senhor respondeu: "Se eu achar cinquenta pessoas inocentes em Sodoma, pouparei toda a cidade por amor a elas".
>
> - GÊNESIS 18:23-26, NLT

Abraão havia pedido que a vida dos outros fosse poupada da mão do juízo de Deus. Somente um amigo fala desse modo com um rei ou juiz que tem o poder para exercer o julgamento. Vinda de um servo ou de um súdito, esta petição seria desrespeitosa. Mas Abraão realmente entrou em um processo de negociação com Deus. Abraão então diminuiu o número de cinquenta para dez, e Deus foi em frente à procura dos dez justos em Sodoma e Gomorra. Ficou óbvio que o relato da maldade deles era verdadeiro, pois nem mesmo dez justos puderam ser encontrados em nenhuma das cidades. O Senhor encontrou somente Ló, o sobrinho de Abraão, e sua família.

Deus mostrou a Seu amigo Abraão o que Ele planejava fazer. Ele confiou em Abraão porque Abraão temia a Deus. O seu temor o havia elevado ao nível de confidente de Deus.

Corrompido Pelo Mundo

Ló pode ter sido considerado justo, mas ele também era mundano. Ele não tinha mais percepção do juízo iminente do que os moradores daquelas cidades malignas. Embora fosse justo, Ló representa os cristãos carnais – aqueles a quem falta o temor ardente e santo de Deus. O relacionamento deles com o Senhor não é muito diferente do que existe entre os fãs e as celebridades.

Isso pode ser visto pelo local onde Ló escolheu morar (entre os habitantes de Sodoma e Gomorra), o tipo de esposa que escolheu, e os filhos que mais tarde ele geraria através do incesto – os moabitas e os amonitas. Ló havia escolhido o que a princípio lhe pareceu melhor, mas no final ficou provado que ele não havia escolhido com sabedoria.

Em contraste, Abraão escolheu uma vida separada. Ele procurou uma cidade cujo construtor e edificador era Deus. Ló escolheu a comunhão com os ímpios em lugar de uma vida separada. Os caminhos ímpios deles comprometeram a justiça de Ló. Finalmente, essa exposição à impiedade deu frutos na vida de Ló e na vida dos seus descendentes. Os padrões de Ló não eram ditados por Deus; eles eram ditados pela sociedade que o cercava. Ló passou a ser "afligido pelo procedimento libertino daqueles insubordinados (porque este justo, pelo que via e ouvia quando habitava entre eles, atormentava a sua alma justa, cada dia, por causa das obras iníquas daqueles)" (2 Pe 2:7-8).

O dia do juízo teria vindo sobre Ló como um ladrão no meio da noite se não fosse pela misericórdia de Deus e pela amizade que Deus tinha com Abraão. Deus enviou mensageiros angelicais, assim como Ele enviará mensageiros proféticos com uma advertência aos crentes carnais da igreja que permanecem esquecidos do juízo iminente.

Na urgência e fúria do juízo iminente, a mulher de Ló optou por olhar para trás. Ela havia sido avisada para não olhar para trás quando o Senhor enviou a destruição sobre as cidades que estavam tão cheias de malignidade. Mas a mulher de Ló havia sido tão influenciada pelo mundo que sua atração era mais forte sobre ela do que o temor do Senhor. É por isso que Jesus adverte os crentes do Novo Testamento: "Lembrai-vos da mulher de Ló" (Lc 17:32).

Mais tarde, Ló provou que não conhecia a Deus, nem os Seus caminhos. Tiago se dirige severamente aos crentes dizendo:

> Infiéis! Não compreendeis que a amizade do mundo é inimiga de Deus? Aquele, pois, que quiser ser amigo do mundo constitui-se inimigo de Deus.
>
> - TIAGO 4:4

Não podemos amar o mundo e sermos amigos de Deus ao mesmo tempo. Tiago descreve a condição de um crente que ainda busca um relacionamento com o mundo como um adúltero e inimigo de Deus. Salomão nos diz:

O que ama a pureza do coração e é grácil no falar terá por amigo o Rei.

- PROVÉRBIOS 22:11

Só os puros de coração são amigos de Deus. Precisamos perguntar a nós mesmos: *O que purifica o meu coração? O meu amor a Deus?* O amor a Deus desperta o desejo de nos purificarmos, mas ele por si só não purifica o coração. Podemos dizer que amamos a Deus com grande afeição, mas podemos ainda amar o mundo. Esta é a armadilha onde milhões de pessoas que estão na igreja estão presas. Que força nos mantém puros perante este Rei magnífico? Paulo respondeu em termos claros e concisos:

> Tendo, pois, ó amados, tais promessas, purifiquemo-nos de toda a impureza, tanto da carne como do espírito, aperfeiçoando a nossa santidade no temor do Senhor.
>
> - 2 CORÍNTIOS 7:1

A verdadeira santidade ou pureza de coração é aperfeiçoada ou amadurecida no temor de Deus! "Pelo temor do Senhor os homens evitam o mal" (Pv 16:6).

Mas veja novamente o início de 2 Coríntios 7:1: "Tendo, pois, ó amados, tais promessas..." Que promessas? Elas estão nos versículos anteriores. Vamos lê-las:

> Porque nós somos santuário do Deus vivente, como Ele próprio disse: "Habitarei e andarei entre eles; serei o seu Deus, e eles serão o meu povo. Por isso, retirai-vos do meio deles, separai-vos", diz o Senhor; "não toqueis em coisas impuras; e eu vos receberei. Serei vosso Pai, e vós sereis para mim filhos e filhas", diz o Senhor Todo Poderoso.
>
> - 2 CORÍNTIOS 6:16-18

Foi exatamente assim que Deus descreveu o Seu desejo de habitar com os filhos de Israel na Sua glória no deserto. Ele disse: "Eu sou o Senhor, seu Deus, que os tirou da terra do Egito, para habitar no meio deles" (Ex 29:46). "Andarei entre vós, e serei o vosso Deus, e vós sereis o meu povo" (Lv 26:12). Há um paralelo aqui: Ele é o mesmo Deus santo. Ele não habitará em um templo corrompido ou que não seja santo.

Vamos entender o pleno significado destas verdades para os dias de hoje. Deus delineia as condições ou requisitos da nossa aliança com Ele para que possamos habitar na presença da Sua glória. Precisamos sair do sistema do mundo e nos separar. Este é um trabalho de cooperação entre o temor do Senhor e da Sua graça. Foi por isso que Paulo começa o capítulo 6 pedindo à igreja de Corinto: "Não recebais em vão a graça de Deus" (2 Co 6:1).

Em outra carta, Paulo esclarece ainda mais este ponto, exortando-nos com veemência a buscarmos a santidade, pois se não o fizermos, não veremos a Deus.

> Segui a paz com todos, e a santificação, sem a qual ninguém verá o Senhor, atentando, diligentemente, por que ninguém seja faltoso, separando-se da graça de Deus.
>
> - HEBREUS 12:14-15

Observe novamente que Paulo fala sobre receber a graça de Deus em vão! Podemos fracassar nisso! Ele prossegue descrevendo o que mantém a graça ativa e produtiva em nossas vidas: "Retenhamos a graça, pela qual sirvamos a Deus de modo agradável, com reverência e santo temor" (v. 28). O temor de Deus nos impede de recebermos a Sua graça em vão. Ele impede que desejemos ter um relacionamento com o mundo. É a graça de Deus, associada ao temor de Deus, que produz santidade ou pureza de coração. Deus promete que se nos limparmos da sujeira do mundo, Ele habitará conosco em Sua glória. Aleluia!

*O santo temor dá a Deus o lugar
de glória, honra, reverência,
ações de graças, louvor e
proeminência que Ele merece.*

QUATORZE

AS BÊNÇÃOS DO SANTO TEMOR

De tudo o que se tem ouvido, a suma é: Teme a Deus e guarda os seus mandamentos; porque isto é o dever de todo homem.

- ECLESIASTES 12:13

Falamos extensamente sobre o temor do Senhor. No entanto, seria impossível abordar o tema com perfeição. O temor do Senhor é um assunto que não pode ser inteiramente revelado, não importa quantos livros sejam escritos. Ele é uma revelação contínua. O mesmo acontece com o amor de Deus. Provérbios 23:17 diz: "No temor do Senhor perseverarás [será zeloso e apaixonado] todo o dia". Nossa paixão pelo Seu fogo nunca será suficiente.

Por ser impossível detalhar plenamente o temor do Senhor em termos finitos, assim também é difícil defini-lo. Ele abrange inúmeros aspectos, assim como a força do amor de Deus. A definição que ofereço será parcial e apenas um começo, pois é impossível descrever em palavras a transformação interior do coração. Cresceremos no conhecimento revelado de Deus por toda a eternidade. Proporcionalmente, a revelação do Seu amor e o nosso santo temor a Ele se expandirão.

> O temor dos homens se opõe ao temor de Deus. O temor dos homens arma ciladas para nós.
>
> PROVÉRBIOS 29:25

Falamos sobre este "temor ímpio" em menor medida na forma como ele se relaciona com o entendimento do temor de Deus. Muitas vezes entendemos o que alguma coisa é aprendendo primeiro o que ela não é. A partir deste entendimento, definirei o temor dos homens.

Temer o homem é ficar alarmado, ansioso, impressionado, apavorado, desconfiado ou temeroso diante de homens mortais. As pessoas que estão aprisionadas neste tipo de medo viverão fugindo, escondendo-se da reprovação ou de prejuízos, evitando constantemente a rejeição e o confronto. Elas estão tão ocupadas protegendo a si mesmas que logo passam a ser ineficazes no seu serviço a Deus. Com medo do que os homens possam fazer, elas negam a Deus o que Ele merece.

O temor de Deus inclui o respeito e a reverência a Ele, mas não se limita a isso, pois somos ensinados a tremermos na Sua presença. O santo temor dá a Deus o lugar de glória, honra, reverência, ações de graças, louvor e proeminência que Ele merece (Observe que é o que Ele merece, e não o que achamos que Ele merece).

Deus se mantém nesta posição de destaque em nossos corações e vidas na medida em que nós consideramos Seus desejos além e acima dos nossos, odiamos o que Ele odeia e amamos o que Ele ama, e trememos diante da Sua presença e da Sua Palavra. Ouça isso e medite sobre isso:

Você serve aquele a quem teme.

Se você teme a Deus, você o servirá. Se você teme o homem, você servirá o homem. Você precisa escolher.

Agora você pode entender por que Salomão, depois de toda uma vida tanto de sucesso quanto de dificuldades, pôde dizer:

> De tudo o que se tem ouvido, a suma é: Teme a Deus e guarda os seus mandamentos; porque isto é o dever de todo homem.
> - ECLESIASTES 12:13

Salomão buscou a sabedoria ao longo de toda a sua vida. Ele a alcançou, e ela o conduziu a um grande sucesso. No entanto, ele passou por um período de tormento e aflição nos seus últimos anos de vida. O temor do Senhor em seu coração havia se desvanecido. Ele já não obedecia mais os mandamentos de Deus. Casou-se com mulheres estrangeiras e serviu aos deuses delas.

No fim de sua vida, ele olhou para trás e depois de muito meditar escreveu o Livro de Eclesiastes. Neste livro, Salomão examina a vida sem o temor de Deus. Sua resposta a cada questionamento é: "Vaidade!"

No final do livro, ele conclui que toda a questão da vida se resume em temer a Deus e em guardar os Seus mandamentos!

As Bênçãos de se Temer a Deus

Eu o encorajo a ler a sua Bíblia e, com o uso de uma concordância, localizar cada versículo que se relacione com o temor de Deus. Registre-os para referência futura. Em minha pesquisa, compilei mais de cinquenta páginas digitalizadas. Encontrei algumas promessas muito específicas para aqueles que temem ao Senhor. Gostaria de compartilhar apenas algumas com você.

O temor de Deus...

- *Posiciona o nosso coração para receber respostas*

    O qual [Jesus], nos dias da sua carne, oferecendo, com grande clamor e lágrimas, orações e súplicas ao que o podia livrar da morte, foi ouvido quanto ao que *temia*.

    - HEBREUS 5:7, ARC

- *Assegura que a grande bondade de Deus é abundante*

    Como é grande a tua bondade, que reservaste aos que te *temem*, da qual usas perante os filhos dos homens, para com os que em ti se refugiam!

    - SALMO 31:19

- *Promete proteção angelical*

    O anjo do Senhor acampa-se ao redor dos que o temem e os livra.

    - SALMO 34:7

- *Garante a atenção contínua de Deus*

    Eis que os olhos do Senhor estão sobre os que o temem, sobre os que esperam na sua misericórdia.

    - SALMO 33:18

- *Fornece a Sua provisão*

    Temei ao Senhor, vós, os seus santos, pois nada falta aos que o temem.

    - SALMO 34:9

- *Contém grande misericórdia*

    Pois quanto o céu se alteia acima da terra, assim é grande a sua misericórdia para com os que o temem.

    - SALMO 103:11

- *Fornece garantia de alimento*
  Dá sustento aos que o temem; lembrar-se-á sempre da sua aliança.

  - SALMO 111:5

- *Promete proteção*
  Confiam no Senhor os que temem o Senhor; Ele é o seu amparo e o seu escudo.

  - SALMO 115:11

- *Realiza nossos desejos e nos livra do mal*
  Ele acode à vontade dos que o temem; atende-lhes o clamor e os salva.

  - SALMO 145:9

- *Dá sabedoria, entendimento e administração do tempo*
  O temor do Senhor é o princípio da sabedoria, e o conhecimento do Santo é prudência. Porque por mim se multiplicam os teus dias, e anos de vida se te acrescentarão.

  - PROVÉRBIOS 9:10-11

- *É a nossa confiança e proteção diante da morte*
  No temor do Senhor tem o homem forte amparo, e isso é refúgio para os seus filhos. O temor do Senhor é fonte de vida, para evitar os laços da morte.

  - PROVÉRBIOS 14:26-27

- *Traz paz à mente*
  Melhor é o pouco, havendo o temor do Senhor, do que grande tesouro onde há inquietação.

  - PROVÉRBIOS 15:16

- *Resulta em plena satisfação*
  O temor do Senhor conduz à vida; aquele que o tem ficará satisfeito, e mal nenhum o visitará.

  - PROVÉRBIOS 19:23

- *Gera riquezas, honra e vida*
  O galardão da humildade e o temor do Senhor são riquezas, e honra, e vida.

  - PROVÉRBIOS 22:4

- *Irá nos manter no caminho*
  Farei com eles aliança eterna, segundo a qual não deixarei de lhes fazer o bem; e porei o meu temor no seu coração, para que nunca se apartem de mim.

  - JEREMIAS 32:40

- *Produz uma família sólida*
  E, porque as parteiras temeram a Deus, ele lhes constituiu família.

  - ÊXODO 1:21

- *Dá clareza e direção*
  Ao homem que teme ao Senhor, ele o instruirá no caminho que deve escolher.

  - SALMO 25:12

- *Resulta em prazer com o trabalho e em uma vida plena e gratificante*
  Como são felizes aqueles que temem ao Senhor – todos os que seguem os seus caminhos! Desfrutarás do fruto do teu trabalho. Como você será feliz! Como a sua vida será rica! A sua esposa

será como uma videira frutífera, florescendo dentro da sua casa. E olhe todos esses filhos! Ali eles se sentam ao redor da sua mesa, vigorosos e sadios como oliveiras novas. Esta é a recompensa do Senhor para aqueles que o *temem*.

- SALMO 128:1-4, NLT

- *Produz uma liderança de sucesso*
  Procura dentre o povo homens capazes, *tementes* a Deus, homens de verdade, que aborreçam a avareza, põe-nos sobre eles por chefes de mil, chefes de cem, chefes de cinquenta e chefes de dez.

  - ÊXODO 18:21

  Disse o Deus de Israel, a Rocha de Israel a mim me falou: "Aquele que domina com justiça sobre os homens, que domina no temor de Deus..."

  - 2 SAMUEL 23:3

Estas são apenas algumas das promessas de Deus para aqueles que o temem. Há muitas mais. Eu o encorajo a encontrá-las no seu tempo de leitura e estudo da Palavra de Deus.

EPÍLOGO

O temor de Deus deve arder forte em nossos corações, não importa há quanto tempo somos salvos. Na verdade, este é um elemento chave para se receber a salvação.

Paulo proclama: "Vós outros que temeis a Deus, a nós nos foi enviada a palavra desta salvação" (At 13:26).

Sem este santo temor, não reconheceremos a nossa necessidade de salvação.

Não importa como você está espiritualmente, eu o encorajo a orar comigo. Se você não se submeteu anteriormente ao senhorio de Jesus, agora é a hora para entregar a sua vida a Ele. Você ouviu a Palavra, e a fé nasceu em seu coração. Se o Espírito Santo trouxe uma convicção profunda e você está pronto para se afastar do mundo e do pecado e entregar-se inteiramente a Ele, o momento é agora. É hora de tomar a decisão de submeter sua vida completamente ao senhorio de Jesus. É hora de confirmar isso através de uma oração.

Pai do Céu, em nome de Jesus, eu me humilho e venho a Ti para buscar a Tua misericórdia e graça. Ouvi a Tua Palavra, e o desejo de amar-te, temer-te e conhecer-te agora arde em meu coração. Peço perdão pela vida que vivi de modo irreverente antes de vir a Ti. Arrependo-me de todo o desrespeito e hipocrisia que permiti em minha vida.

Volto-me para Ti, Jesus, como meu Salvador e Senhor. Tu és o meu Mestre, e eu entrego minha vida inteiramente a Ti. Enche-me com o Teu amor e santo temor. Desejo conhecer-te intimamente em uma dimensão mais profunda do que jamais conheci alguém ou qualquer outra coisa. Reconheço minha necessidade e dependência do Teu Santo Espírito e peço que Tu me enchas agora.

Senhor, a Tua Palavra promete que quando eu me voltar para Ti de todo o meu coração o Espírito Santo me revelará a Tua verdadeira imagem e caráter, e serei transformado de glória em glória. Como Moisés, peço que eu possa ver a Tua face. Neste lugar secreto, serei transformado.

Senhor Jesus, obrigado pela abundante misericórdia e graça que Tu estendestes a mim. Por tudo o que já fizeste e por tudo o que estás para fazer, eu Te dou a glória, a honra e o louvor, agora e para sempre. Amém.

Ora, àquele que é poderoso para vos guardar de tropeços e para vos apresentar com exultação, imaculados diante da Sua glória, ao único Deus, nosso Salvador, mediante Jesus Cristo, Senhor nosso, gloria, majestade, império e soberania, antes de todas as eras, e agora, e por todos os séculos. Amém!

– JUDAS 24-25

Outros títulos de John Bevere

A Isca de Satanás*
A Isca de Satanás - Devocional*
Quebrando as Cadeias da Intimidação*
Implacável*
Vitória no Deserto*
Movido pela Eternidade*

Acesso Negado*
Extraordinário*
A Voz que Clama*
A Recompensa da Honra*
O Espírito Santo*

* Disponíveis também em inglês no Formato Currículo

Messenger International
life-transforming truth.

UNITED STATES
PO Box 888
Palmer Lake, CO 80133

Phone: 800-648-1477
Email:
Mail@MessengerInternational.org

AUSTRALIA
Rouse Hill Town Centre
PO Box 6444
Rouse Hill NSW 2155

Phone: 1-300-650-577
Outside Australia:
+61 2 9679 4900
Email:
Australia@MessengerInternational.org

UNITED KINGDOM
PO Box 1066
Hemel Hempstead
Hertfordshire,
HP2 7GQ

Phone: 0800-9808-933
Outside UK:
(+44) 1442 288 531
E-mail:
Europe@MessengerInternational.org

www.MessengerInternational.org

O Espírito Santo

Infelizmente, o Espírito é frequentemente mal compreendido, deixando muitos sem pistas de como Ele é e como Ele se expressa a nós. Neste livro interativo, John Bevere convida você a uma descoberta pessoal da pessoa mais ignorada e mal compreendida na igreja: o Espírito Santo.

Quebrando as Cadeias da Intimidação

Todos nós já passamos pela experiência de ser intimidado por alguém pelo menos uma vez na vida. John Bevere traz à tona as ameaças e pressões, destrói o poder das garras do medo, e ensina você a liberar os dons de Deus e a estabelecer o Seu domínio sobre a sua vida.

Acesso Negado

Imagine se você pudesse andar livre do pecado e manter Satanás de fora de sua vida, de seus relacionamentos pessoais e profissionais? Qual é o segredo? Neste best-seller, John Bevere revela que a maior forma de guerra espiritual para qualquer cristão é a força poderosa de uma vida obediente.

Vitória no Deserto

Você se sente estagnado em seu progresso espiritual – ou até mesmo parece ter regredido? Você acha que se afastou de Deus ou que, de alguma forma, o desagradou? Talvez nada disso seja o seu caso... mas, a realidade é que você está no deserto! A intenção de Deus é que você seja vitorioso no deserto.

Implacável

Os cristãos nunca foram destinados a "apenas sobreviver". Você foi criado para superar a adversidade e mostrar a grandeza! Neste livro convincente o autor best-seller, John Bevere, explora o que é preciso para terminar bem.

A Isca de Satanás
Devocional

Este guia de estudos devocional o ajudará a mergulhar mais fundo nas verdades bíblicas relacionadas ao livro, capacitando-o a resistir a receber uma ofensa e a se arrepender e se libertar das ofensas que possam ter afetado sua vida no passado.

A Isca de Satanas

A Isca De Satanás expõe um dos laços mais enganosos que Satanás utiliza para tirar os crentes da vontade de Deus – a ofensa. A maioria das pessoas que é presa pela isca de Satanás nem sequer percebe isso. Não se deixe enganar!

Combo - O Espírito Santo

O mais novo lançamento de John Bevere - O Espírito Santo agora tambem em DVD.
Livro + DVD

Movido pela Eternidade

O autor de best-sellers John Bevere nos fala a respeito dos princípios irrefutáveis para viver com a esperança e a certeza que nos levarão até a eternidade e nos lembra que todos os crentes comparecerão diante de Cristo e receberão aquilo que conquistaram em vida.

Extraordinário

Todos nós ansiamos por ver coisas extraordinárias, experimentar uma vida extraordinária, fazer coisas extraordinárias... No entanto, costumamos nos contentar com a mediocridade quando a grandeza está ao nosso alcance. John Bevere revela como todos nós fomos "gerados para algo mais"!

A Voz que Clama

Um encontro com a profecia verdadeira produzirá um desejo e uma impulsão para conhecer e obedecer ao Deus Vivo. Isso nos dá a capacidade de reconhecer Jesus. Precisamos de corações que possam ouvir o que o Espírito está dizendo à Sua Igreja.

A Recompensa da Honra

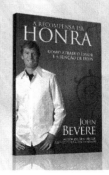

John Bevere revela o poder e a verdade de um princípio geralmente negligenciado – a lei espiritual da honra. Se compreender o papel vital desta virtude, você atrairá bênçãos sobre sua vida hoje e também para a eternidade.

Printed in Poland
by Amazon Fulfillment
Poland Sp. z o.o., Wrocław